抗《あらが》う練習

印南敦史

フォレスト出版

はじめに

本書を手にとっていただき、ありがとうございます。

タイトルからもわかるように、僕が本書を通じて読者のみなさんにお伝えしたいのは、「自分らしく生きていくために抗《あらが》おう」ということです。

「抗う」とは、「逆らう」とか「抵抗する」という意味です。

……といわれても、ピンとこないかもしれませんね。


「穏やかに生きていくほうが楽に決まっているのだから、抗う必要なんかない」

「わざわざ波風を立てるなんて無意味」

「抗うなんてダサい」

こんな意見が出てきても当然だと思います。

たしかに、ある意味ではそのとおりかもしれません。しかしそれでも、先の見えない時代に生きているからこそなおさら、僕たちはもっと抗うべきだと思うのです。

ただし、ここでいう「抗う」とは、〝必要以上に〟抵抗するとか〝無意味な〟波風を立てるという意味ではありません（それではただのトラブルメーカーですからね）。そうではなく、〝出すべきときに〟声を上げ、〝自分がより自分らしく生きていくために〟時には抵抗することも辞すべきではないという考え方です。

もっとわかりやすくいえば、**「無駄にあきらめるのはやめよう」**ということ。

なぜなら、**自分の人生は自分のためにある**からです。

いまさら指摘するまでもなく、社会はどんどん生きづらくなっています。海外では戦争が終わらず、経済状態はよくならず、日常生活では小さなストレスがたまっていき……というように、安心できることはもはや不可能なのではないかと思わざるを得ないほどの状況です。

すると、必然的に閉塞感《へいそくかん》が漂うことになり、人々は余裕を失い、希望をも失います。その結果、知らず知らずのうちに、「どうせ無理なんだから……」というようなあきらめの気持ちのほうが大きくなっていきます。

しかも、場合によっては、たまった不満のはけ口は外側に向かうことになるかもしれません。このところ強盗などの凶悪犯罪が増えていることも、そうした社会状況と無関係ではないように感じます。

そんな時代を僕たちが生きていることは、残念ながら否定しようのない事実です。努力が実らないという現実が目の前にあるからこそ、「どうせ無理でしょ」という気持ちになってしまうのも仕方ありません。

しかし、それでも忘れてはならないことがあると思うのです。

無理なことが多かったとしても、「無理ではないこと」だって必ずあるということ。それは見えにくくて小さなものかもしれないけれど、間違いなくあるのです。

でも、それを見つけ出し、手にするためには自分自身が動かなければなりません。

だから、ときには意地になるくらいの気分で抗うべきなのです。少なくとも、うまくいかないことに逆らえず泣き寝入りをしたくないのであれば、ダメモトでも抗ってみるべきです。そうすれば目の前の人生は、少しずつかもしれないけれど、よくなっていくはずなのだから。

僕には死んだ兄がいます。僕が生まれる前に亡くなったので会ったことはありませんが、ともあれそのことが成長過程に少なからず影響を与えることになりました。深い愛情を前提としながらも、（もう死なせまいというような）とてもピリピリした状況下で育てられたのです。

また、親のなかに「できて当然」という考え方があったため、ほめられたことはなく、つねに緊張しているような状態でした。そのため、幼稚園に通っていたころにはチック症を患《わずら》いました。

そして、9歳のとき自転車事故で頭を打ち、20日間も意識不明の状態が続きました。しかも打ったのが頭でしたから、半年後に退院すると、「あの子はおかしくなったんだろう」というような目を、同級生から大人まで、いろんな人から向けられることになりました。正直なところ、小学4年生でそういう目に遭うことは、精神的にかなりきついものでした。

それでもなんとか乗り越えられたのは、「抗う」ことの意義を母から教え込まれたおかげだったのではないかと思います。母は親としてはいろいろ問題のある人でしたが、そういう価値観を植えつけてくれたことについては感謝すべきだと思っています（このアンバランスさがわかりにくいところでもあるのですが）。

とはいえ、以後も楽ではありませんでした。なにしろ基本的に、集団向きではない「目立つキャラ」なのです（あとからそれがわかりました）。

その結果、たとえば中学2年のときにはあらぬ濡《ぬ》れ衣《ぎぬ》を着せられてクラスメイトの大半からハブられることになりました。でも納得がいかなかったので直談判し、「クラス全員対自分ひとり」という図式で話し合いをしたこともありました。もちろんそんなことをしたところでなにも変わらなかったけれど、自分に非がない以上、泣き寝入りはしたくなかったのです。でも、たしかにそういうやつは集団内では目立っちゃいますよね。

高校生になると多少は楽になりましたが、そんなタイミングで祖母が火事を出し、住む家を突然失うことになりました。そのときにはさすがに「また、こういうことになるのか……」という絶望感に押しつぶされそうになったものです。また、以後もいろいろあり、厄介なことの連続でした。もちろん生きていれば誰にでもいろいろありますが、うちの場合は普通の家庭が体験しなくてもいいことばかり起きるという印象だったのです。

しかし、それでも泣き寝入りはしたくありませんでした。

なぜって、純粋に悔しいじゃないですか。

だから、以後の人生でも（無意識のうちに）抗い続けてきたのです。感情的に抵抗するという意味ではなく、自分の信念に従って、正しいと思う選択をしてきたということです。

失敗や間違いも多かった（むしろ失敗だらけで成功のほうが少なかった）のですが、だから、いまこうして生きているのだという自負があります。僕はもうすぐ62歳になりますが、ここにきてようやく、そんな境地にたどり着いたという感じです。

そう、答えはすぐに出るものではないのです。でも、いつか必ずそこにたどり着けるものでもあるのです。だからこそ、抗うべきなのです。

「そんなの疲れるからいやだ」と思いますか？

でも、あきらめてしまったとしても、それはそれでやっぱり疲れます。むしろ、あきらめてしまったときの疲れのほうが重たかったりもします。それに、ものすごく単純な話ですが、あきらめて泣き寝入りをするなんてシャクじゃないですか。

だから、できる限り抗うべきなのです。

「努力したけれどダメだった」としても、「努力する前からあきらめてしまい、結果的にダメだった」としても、行き着く先はひとつだけです。だとすれば、（どうせダメでも）やれるだけのことをやったほうがいいに決まっています。ですから、「もう限界」だと思っていたとしても、もう少し抗ってほしい。

そんな思いから、本書を書きました。

本書は二部構成になっています。

まず第1～4章で明らかにしているのは、ここで触れてきたような僕自身の体験を軸にした「抗い方」や、「抗う」という考え方。

そして第5章では、ずっと会ってみたかった「現在進行形で抗い続けている人」と対談をしています。それは、1998年に世間を震撼《しんかん》させた「和歌山カレー事件」の被告人として死刑が確定している林眞須美《はやしますみ》さんの長男（僕は「林くん」と呼んでいるので、ここから先は「林くん」と表記します）。

少しずつ知られはじめていますが、この事件は冤罪《えんざい》である可能性が非常に高く、眞須美さんは一貫して容疑を否認し続けています。そして林くんも母親の無実を信じ、その一方で「もし本当に犯人であった場合には、その事実を受け入れなくてはいけない」という思いを抱きながら、SNSを通じて事件についてのさまざまな情報を発信し続けています（ちなみに僕がここで眞須美「さん」と表記しているのも、冤罪であると確信しているからです）。

僕が林くんの活動を知ったのは、**著書『もう逃げない。～いままで黙っていた「家族」のこと～』（林眞須美死刑囚長男著・ビジネス社）**を読んだことがきっかけでした。その内容に衝撃を受け、抗い続ける林くんの姿勢にも共感したため、「ニューズウィーク日本版」で同書を紹介したところ、そこからSNS上での交流が始まったのです。もう3年くらい前の話。

そのため、誰と対談しようかと考えたとき、彼のことが頭に浮かんだわけです。いや、当初は2、3人と対談しようと考えていたのですけれど、彼以上の誰かを思いつくことができなかったので、「だったら、林くんに焦点を絞って、しっかり話を聞こうじゃないか」という思いに至ったという次第です。

いずれにしても、どこからでも読んでいただける本書は、どこかに必ず共感していただける部分があるはずだと自負しています。

だからこそ、「うまくいかないなあ、でも、悔しいなあ」という思いが多少なりともあるのなら、ぜひ読んでみてください。

印南敦史

『抗う練習』もくじ

第2章 抗う作法

第3章 ささやかな「抗い」のプロセス

デザイン 小口翔平+後藤司(tobufune)
DTP キャップス
校正 広瀬泉

第1章

いつも、抗ってきた。

9歳から抗っていた

小学4年生になったばかりの4月最終日曜日、僕は大きな怪我《けが》をしました。弟を乗せて自転車に乗っているときに坂道でブレーキが効かなくなり、ど派手に転倒……いや、そんなに生やさしいものではありません。

後ろの弟のことも気になっていたためバランスを崩し、アスファルトにしたたか側頭部を打ちつけたのですから。

自転車の二人乗りをするやつが悪いといわれれば、まさにそのとおり。返すことばもございません。

でも、通っていた剣道場に忘れ物をした弟が「いますぐ取ってこい！」と父から怒鳴られている姿を見たとき、「ついていかなきゃ」という謎の使命感が生まれてしまったんですよね。

2年生になったばかりだった弟に、少し離れた剣道場までひとりで行かせるのは無理があると思ったし、日が暮れかけていたし。別にいい人ぶるわけではなく、子どもの思考ってそんなものじゃないですか。

頭を打ちつけた直後、「いってぇ……」といいながら立ち上がったことは覚えています。でもその時点では、別にたいしたことではないと思っていたのです。普通に考えれば、充分に〝たいしたこと〟なんですけど。

その証拠に、ほどなく僕は意識を失い、そのまま20日間も意識不明の状態になったのでした。20日間といえば3週間ですから、そんなに長い間意識がなかったのだとしたら、もう死んだも同然です。

事実、あとで聞いたら医師は「命の保証は99％できません」と話していたそうなのですが、幸いなことに奇跡的に回復。入院生活は3ヶ月に及んだものの、夏休みをはさんで9月からは学校に戻ることができたのでした。その間に誕生日を迎え、僕は10歳になっていました。

なかなかできない体験ではあったので「大変だったね」などと言われますし、腕が捻《ねじ》れるほど痛い注射を打たれ続ける毎日は楽ではなかったかもしれません。

「頭を打って終わった子」という世間の烙印

でも本当の意味でハードだったのは、むしろ社会復帰してからでした。なにしろ頭を打ったので（後遺症で、歩き方にもおかしなクセがつきましたし）、同級生やその親、近所の人など周囲の方々から「頭を打って終わった子」というような目で見られるようになってしまったのです。

決して大げさな表現ではなく、歩いているだけで「あの怪我があったからねえ」などという声が聞こえてくるなんてことは日常茶飯事。一歩足を踏み出すだけでなにかを囁《ささや》かれるような状況は、10歳男児にとってなかなかハードでした。

ただし、それは仕方がないことだとも思っていたのです。入院中にお見舞いに来てくれた同級生が真剣な顔で「僕のことわかる？」と訊《たず》ねてきたことについて母は激怒していましたが、僕はただ、「そりゃそうだろうな」と思っていました。大人から好奇心に満ちた視線を向けられても、そういうものだろうと感じていました。

理由は簡単です。僕は頭を怪我したからです。

そして、もし怪我をしたのが自分ではなく、誰か別の子だったら、僕もその子のことを奇異の目で見ていたかもしれないからです。「子どもにそんなことを考えられるはずがない」と思われるかもしれませんが、子どもだってその程度のことは考えられます。いや、子どもだからこそ変化を敏感に感じ取っていたのかもしれません。

とはいえ本音の部分では、そりゃーキツかったですけれど。


あのころは、常に悪夢のなかにいるような気分でした。

どんよりとした不安がすぐ手に届く場所にいつもあって、なんの根拠もなく「僕はもうすぐ死ぬんだろう」などという意味不明なことを信じてもいました。

生き返ったくせにお笑いですけれど、どうしようもない絶望感がずっと周囲に漂っているような感じだったわけです。顔では笑っていても、笑顔を向ける相手のその向こう側には、どうしようもない悲しさがこちらを見ていたというような。

けれど、どうすることもできません。なにしろ、起きてしまった〝事実〟を変えることはできないのですから。つまり、目の前の現実を受け入れる以外に手段はなかったわけです。つまり、そのときから僕の「抗い」がはじまったのです。

「もう来ないでくれる？」

怪我をする前、しばしば数軒先の家へ遊びに行っていました。その家の小さな男の子が僕になついていていたため、よく遊んであげていたのです。とてもかわいい子で、お母さんも、仲よく遊ぶ僕たちのことを笑顔で静かに見守ってくれていました。穏やかでやさしく、品のいいお母さんでした。

長い入院生活を終えて家に戻ってきてから、またその子の家に遊びに行きました。ひさしぶりでしたから、再会が楽しみでした。まだ小さかったその子は僕が大怪我をしたことなど知らず、以前のようになついてきました。ただ、いつも穏やかな笑顔をしていたはずのお母さんは違いました。

「もう来ないでくれる？」

同じ人とは思えないような冷たい表情をして、突き放すようにそう言ったのです。どうやって帰ってきたのかは覚えていませんが、それ以来、すぐ近くのその家とそこに住む親子は、僕にとって遠い存在になりました。

もちろん悲しかったけれど、やはり、仕方ないことだよなとも感じました。繰り返しになりますが、僕は頭を怪我したからです。それだけのことだけれど、なにかを背負ってしまったのは間違いないのです。それが痛いほどわかったものだから、しかも時間は戻せないから、受け入れるしかなかったのです。もちろん、無性に悲しかったですけどね。

「絶対に負けてたまるか」という心の芽生え

とはいっても、完全に絶望し、前向きに生きていくことを放棄したわけではなかったようにも思います。それどころか、「絶対に負けてたまるか」というような気持ちがいつもありました。

勝ち負けの問題ではないのですけれど、それは過剰なくらいに負けず嫌いで、つねになにかに抗っているように見えた母からの影響だと思えてならないのです。そういう意味では、母の存在とそこから得た影響こそが、僕にとっての〝抗い〟の原点なのかもしれません。

ただし、先にも触れたとおり母は僕にとって非常に問題のある存在でもありました。〝自分を生んでくれた大切な存在〟と美しくまとめることのできない、モヤモヤとした感情はいつでもたしかにあったのです。

「ほめられたこと」がなかった

「はじめに」でも触れましたが、僕には会ったことのない兄がいます。彼は僕が生まれる前、病気のために生後一年を経ずして亡くなってしまったのです。したがって実質的に長男として育てられたものの、戸籍上、僕は次男だということになります。

なにしろ第一子を失ったあとですから、両親、とくに母は僕のことをとにかく慎重に育てたようです。叔母などに話を聞いてみると手のかけ具合は尋常ではなかったらしく、「あなただけは特別だった」と何度も言われました。それは事実なのでしょうし、外部から見れば僕は〝たっぷり愛情を注がれてきた子〟であるように映っていたのかもしれません。

ただし、外側から見えるものと内側からしか見えないものには大きな違いがあったりするものです。僕がまさにそうで、端的にいえば、かなり偏った育てられ方をしたのです。もちろん、嫌われているわけではなく、むしろ愛情を注がれているのであろうことは推測することができました。

しかし、その育て方にはどこか大きな歪《ゆが》みがあったということ。

その理由を挙げていったらきりがありませんが、なかでも顕著だったのは**「ほめられたことがない」**という点です。なにをするにしても「できて当然」としか評価されず、ほめられたことがなかったのです。

同じような経験をした方もいらっしゃるでしょうが、あとになって考えてみても、やはりこれは子どもに大きな影響を与えることだと思います。

事実、（もちろん当時は自覚していませんでしたけど）僕はつねに自信が持てず、緊張感を抱えながら生きてきたように思います。だから幼少時から、「自分はなんなのか？自分は自分のままでいいのか？」という本質的な部分を解消することができなかった。

しかし、その反面で前述した「負けてたまるか」という思いや、そこに絡まる根拠のない自信もあったのですから、自分でもなんだかよくわかりません。早い話が、バランスがとっても悪かったのです。バランスの悪さは、いまもあんまり変わらないんですけどね。

そんな環境の影響だったのか、幼いころから不眠症でした。布団から出て「眠れない……」と居間に顔を出すたび、母は「また『ねむれな〜い』がはじまった」と大笑いするのですが、こちらにしてみればそんな夜はストレスを溜め込むための時間でしかありませんでした。

加えて、そのころはチック症を抱えていました。当時はそれらがストレスの影響であるなどとは考えもしませんでしたけど、振り返ってみれば「ああ、そうか、精神的に安定していなかったんだな」と妙に納得できてしまう部分は残念ながらあるのです。

ちなみに数年前、母は初めて「たしかに私はあなたのことをほめたことがなかった。申し訳なく思っている」と言ってくれました。

そのため一件落着……となったのであれば美しくまとまるのですけれど、残念ながらそうはいきませんでした。なぜならその時点で僕は57歳、還暦直前だったのです。

ですから正直なところ、「いまさらそんなことをいわれても……」という気持ちが残ってしまったことは否定できず、以後もモヤモヤとした想《おも》いだけが残ることになったのでした。

親といるとなぜか苦しい

以前、オンラインメディアの「東洋経済オンライン」に『**親といるとなぜか苦しい——「親という呪《のろ》い」から自由になる方法**』（**リンジー・C・ギブソン著、岡田尊司監修、岩田佳代子訳、東洋経済新報社**）という本の書評を寄稿したことがあります。

タイトルからもわかるように、親の呪縛《じゅばく》から逃れることのできない人に向け、親といると苦しくなる理由を解き明かし、精神的に自由になるための方法を解説したもの。

本書の特徴は、気持ちに共感したり、感情をコントロールすることができず、子どもにとっての〝安全基地〟となりえない親のことを「精神的に未熟な親（Emotionally Immature Parents）」と表現している点にあります。精神的な成熟には個人によって差があり、精神的な未熟さとはどういうものなのかを理解するだけで、それが解決の糸口になるのだ、と。

精神的に未熟な親は自分のことしか考えないので、子どもが心の内で抱えている思いに気づかない。加えて、子どもの気持ちにとり合わず、精神的に親密になることをいやがる。自分自身の精神的な欲求にすらとまどうので、子どもを精神的にサポートする方法もわからない。（本書29ページより）

もちろん、本書に書かれていることすべてが自分に当てはまったわけではありません。共感できる部分がある一方、「これは自分とは違うな」という箇所もありました。しかしそれでも、本質的な部分は同じだと実感することができたのです。

先にも触れたとおり、母は非常に自我が強い人で、なにを話すときにもつねに「私は」が大前提でした。そのため、他者を気づかう視点が少なかったように思います。

とかくものごとを勝ち負けで判断しがちで、その影響を受けてきた僕も、ある時期までは勝ち負けに執着しすぎる部分がありました。でも、振り返ってみればそれは**コンプレックスの裏返し**だったのではないかと思うのです。

本質的な部分で自分に自信が持てず、コンプレックスを排除できなかったからこそ、必要以上に勝ち負けに執着し、必要以上に牙《きば》を剥《む》いてしまう。けれども反面には「よく見られたい」という思いがあるため、他人からは穏やかでいい人にしか見えないのに、身内には感情的に牙を剥く——母は、そんなアンバランスな人だったわけです。

そのため、僕は思春期になったころから、母とぶつかることが多くなりました。いままで正しいと思っていた親の言動や振る舞いに、疑問を感じるようになっていったからです。もちろん、その時期に親と衝突すること自体は、まったくもって自然なことだと思います。思春期とはそういうものだからです。しかし母は、なにがあってもつねに優位に立とうとする人だったのです。

子は親に従わなければいけないのか?

たとえば高校生のころにも、母と大げんかをしたことがありました。
そのとき僕には自分は間違っていないという確信がありましたし、母の表情からも、自分の非を認めざるを得ないというような微妙なニュアンスが感じられました。しかし母としては、それを認めるわけにはいかなかったのでしょう。こちらが正論で刃向かうと、怒りをむき出しにした表情でこう言い放ったのです。

「あんたは私の子どもなんだから、どんなことがあっても親である私に従わなければならない」

そんなバカな話があるかと感じましたが、その一方には「ああ、やっぱりな」という思いもありました。つまり母は僕を支配したいという以前に、「負けたくなかった」のだろうと思うのです。
事実、皮肉まじりに「なら、親がどれだけ間違っていたとしても、子どもは従わなきゃいけないってことなの？」と尋ねると、こちらをきっと睨《にら》みながら「そうだ」と断言したのでした。ムカついたというよりも、悲しい気分になったことを覚えています。

そのことについても触れた『親といるとなぜか苦しい――「親という呪い」から自由になる方法』の書評は公開後、一週間にわたってランキング1位になりました。とても驚いたのですが、つまりそれは、似たような思いを抱いていた方、すなわち親のことで悩んでおられる方がたくさんいらっしゃるからなのだろうなとも感じたのです。

ちなみに母は1年ほど前、脳出血（最終的な死因は誤嚥性肺炎《ごえんせいはいえん》）のため86歳で亡くなりました。コロナ禍の影響でなかなか病院にも入れなかったのですが、倒れてから数ヶ月ぶりに会ったときには僕のこともわからない状態になっていました。

印象的だったのは、なにもわからなくなって子どものように無垢《むく》な表情をしている母のことを初めて「かわいらしい」と感じたこと。いままで生きてきた過程での母は僕にとってつねに〝緊張を余儀なくされる相手〟であり、世間一般の人たちが親に感じるのであろう愛情を素直に感じ取ることができなかったので、（うまく表現できないのですが）なんだか不思議な感覚でした。

でも、最後の最後に「かわいらしい」と感じられたこと、それだけはよかったと思っています。

家が焼けてなにもなくなった

高校2年生だった10月のある日、修学旅行前日のこと。体調が悪かったわけでもないのに、その日の僕は学校にいてもなんだか落ち着きませんでした。あとから思えば、それは「虫の知らせ」というやつだったんですよね。

なんだかモヤモヤするような、表現のしようがないほどいやな気持ち。やがて耐え切れなくなり、3時間目が終わったところで、「印南、バックレかよー」という同級生の声に向かって背中越しに手を振りながら早退したのでした。

よく晴れた日でした。地元に着いて信号を待っているときに見上げた空は、まさにスカイブルーそのもの。最初は呑気に「きれいな空だなー」と感じていたのですが、やがて、美しいその空に真っ黒い煙が上がっていることに気づいたのでした。しかも位置的には自分の家の方角です。思わず、「あー、隣の＊＊さん、とうとうやらかしたかー」などと失礼きわまりないことを感じたりしていたのですけれど、近づくにしたがって見えてきた＊＊さん宅はいつものままです。

「え……いやいや、まさか、そんなことは」と思いながら小走りに近づいてみたら、数時間前にはなんともなかった我が家がものすごい勢いで燃えていて、道路側の二階にあった弟の部屋から真っ黒な煙が噴き出ていました。

「すみません、すみません」と声を出しながら野次馬をかき分けて進んでいるとき、口を半開きにしながら燃える家を見物している人たちを一生軽蔑《けいべつ》して生きていこうと思いました。

出火原因は、祖母のたばこの火の不始末。一服して火を消したたばこの吸い殻を、紙にくるんでくずかごに捨てて外出したというのですから、そりゃー火事になって当然です。

しかも父の母に当たる祖母は、いろいろやらかすパンクな婆ちゃんとして以前から有名な人だったのです。その日も帰宅したときには憔悴《しょうすい》した様子を見せていたものの、心配した親戚《しんせき》が集まってきて謎の宴会状態になったら気が大きくなってきて、「こんな火事なんて運命だ」などと言い出す始末。「自分が原因だろ、ふざけんな！」と声を荒げたところを近所の電気屋のおじさんから、「わかる。気持ちはわかるけど、ここはがまんしろ」と止められたりして、なんだかホームドラマの登場人物みたいになっちゃったな、などと感じたりもしたのでした。

人が引け、祖母も親戚のところへ預けられたあと、家族四人で輪になって「がんばろう……」と励まし合ったことが、いまでも忘れられません。

怪我から7年後の話。ようやく怪我のトラウマも少しずつ薄れてきたかなと思っていたら、またもや逆戻りです。そんなことがあっただけに、それからしばらくの間は「人生は数年に一度、大きな事件が起こるものだ」と本気で信じていました。

ただ、そんな経験があったからこそ実感できたこともあったのです。それは、**「起きてしまったものは仕方がない」**ということ。

怪我にしても火事にしても、起きてしまったことは厳然たる事実です。元に戻したいと思ったとしても、時間を巻き戻すことは決してできない。悲観したところでなにも変わらないのだから、**ただ受け入れるしかない**。そう感じたわけです。

そしてその先に、ひとつの重要な答えを見つけたのでした。

起きてしまったことを変えられないのだとしたら、すべきことはただひとつ。

「では、ここからどう進んでいくべきか」を考えることだ、と。

これは、とても大切な気づきだったと思っています。そこからどういう選択をするかによって、人生は大きく変わるものだと実感できたから。そしてそれは、この世界を生きるすべての人にあてはまることでもあるはずです。

第2章

抗う作法

「いまある状況」を別の角度から見てみる

「起きちゃったことは仕方がない」などとことばにしてしまうと、なんとなく無責任なことのように、場合によっては軽そうにも聞こえるかもしれません。「だって、しょーがねーじゃん」みたいに。

でも、実際のところ「しょーがねー」のです。**起きてしまった事実である以上、それを悲しんだり悔やんだり憂いたりしたところで、なんの意味もありません。そんなことを考えたところで、行き着く先は「どうせ○○なんだから」というネガティブな感情の墓場です。**

ちなみに、僕はなにかと「どうせ○○だから」と言いたがる人とは距離を置くようにしています。もちろん本人はなにも考えていなくて、なんとなく口にしただけかもしれません。けれど僕の見てきた限り、「どうせ○○だから」が口癖になっている人はいるのです。

そして、そういう人はなにか表現のしようがない負の空気をまとっている。しかもそれは、少なからず伝染するものでもある。けれど、それは僕にとってありがたいものではないから距離を置くようにしているのです。

違った考え方をお持ちの方も、当然のことながらいらっしゃるだろうとは思います。しかし、少なくとも僕はそういうスタンスが苦手なんですよね。「起きちゃった」ことが事実なのだとしたら、そこですべきは嘆いたり、愚痴をいうことではなく、先述した通り「では、どうすべきか」を考えることだと思うから。

そしてその際に重要なのは、**「いまある状況」をいろんな角度から見てみること**なのではないでしょうか。ひとつの角度からしか見なかったとしたら、見えるものは限られてきます。その角度から見えたものがネガティブなものだったとしたら、それはネガティブなこととしか映らない。

けれども、Aという地点からはネガティブに見えるものも、B地点やC地点からはまた違って見えるかもしれない。そして、そんなところになにかしらのヒントが隠れている可能性も大きいのです。

「そうか、Aから見える景色だけを見て『こうだ』と決めつけていたけれど、BやCから見える景色を客観的に捉えてみれば、答えが見えてくるかもしれないんだな」というように。

そしてそれは、どんなことにもいえることなのだと思います。

逆にいえば、ひとつの角度からだけ見て、そこから見えることだけがすべてだと決めつけてしまうと、そこで可能性は終わってしまうのです。それは単に〝ひとつの側面〟にすぎないのに。

でも、それではもったいないと思いませんか？　どのみち答えがひとつしかないのなら、こっちだけ見て、そっちやあっちを見ないというのは正しい選択ではないし、それでは大切なことを見逃してしまう可能性も大きいのですから。

「いまの自分」を客観的に判断する

つらいことが起きれば、悲しくなったり悔しくなったり、時間を戻したいと感じたりして当然。そりゃー逃げたくもなるし、できればやりなおしたいですよね。

とはいっても、起きてしまった以上は、悲しさや悔しさを〝なかったこと〟にはできないし、時間を巻き戻すことも不可能。しかし、それは冷静になるためのチャンスでもあります。

起きてしまったことが修正できないのだとしたら、そこからするべきは、「これからどう進むべきか」を考えること。そして重要なポイントは、**「それが起きてしまったからといって、すべての可能性が閉ざされたわけではない」**ということです。

これは非常に大切な考え方です。

起きてしまったのは事実だけれど、だとすれば、（少しでも精神的に楽になれそうな）よりよい道筋を探して進んでいけばいいのです。そうすれば、いま目の前にある〝最悪の結果〟よりもいいものに出会えるかもしれないのですから。

つらいつらいと嘆いていたところで、なにもはじまらない。大切なのは「そこから先」について考え、そして進むことなのです。

そして、**そのために重要なのは「いまの自分」を客観的に見つめること**。悲しかったり悔しかったりするのなら、「なぜ、悲しいんだろう？」「なぜ、悔しいんだろう」と、あえて自分の負の感情と向き合ってみるのです。そうすれば、（ネガティブな感情に押され忘れてしまいがちな）「そうか、○○だから、○○が悲しいと感じるんだな」「なるほど、○○だから悔しいし、気持ちが落ち込むんだな」ということを冷静に理解することができるようになるからです。

問題を「なかったこと」にしない

そこまでたどり着ければ、自分を取り巻く問題の半分は解決したようなもの。

なぜならそこから先は、自分を追い詰めるそれらの〝理由〟を解決するための策を考え、実際に動いてみればいいからです。そうすれば間違いなく、その問題は乗り越えることができるはず。

僕自身、日常的にこの作業を行っています。たとえば悩み事があって寝つけないときには、「早く寝よう」としても無駄。悩みが邪魔をするのですから当然です。

だからこそ、「なかったこと」にするのではなく、あえて向き合ってみるのです。なかなか寝つけないベッドのなか、寝つけない自分を認めたうえで、「なぜ、自分はこんなにモヤモヤしているんだろう?」とその理由を考えてみる。〝モヤモヤ〟の原因だと思われる要素を、ひとつひとつ洗い出してみるのです。そうすれば原因は必ず見つかりますから、あとはそれを翌日やそれ以降にクリアにするだけ。

それに、そこまで考えて納得できれば、そのうち自然と眠たくなってきます。だから、そのまま眠って翌朝目を覚ませば、そのときには「昨晩考えたことを、これから形にしよう」と多少なりとも前向きな気分になれるはずなのです。

「いま足りないもの」を探す

モヤモヤとした感情が心のどこかにわだかまっているとしたら、それは自分が求めているなにかが足りないからかもしれません。だとすれば、その〝**足りないなにか**〟を手に入れられれば、少なくともその時点でのモヤモヤは解消できるわけです。

とはいえそれは、必ずしも物質的なものであるとは限りません。ただし、その足りないものが物質的ななにかであったとしても、そうではなかったとしても目指すべき方向性は同じです。

まずは、物質的なものから考えてみましょう。

もし、なにか欲しいもの、手に入れたいものがあって、でも手に入れることができず、「○○が欲しいけれど、手に入れられないからモヤモヤしている」というような状況にあるのなら、それを乗り越えるための方法はいたってシンプル。

欲しいけれど手に入らないのだから、一生懸命働いてお金を貯めるなどして、なんとか○○を手に入れられる状況をつくればいいわけです。

もちろんお金が貯まるまでのプロセスは長く、そして大変かもしれません。でも本当に○○が欲しいのであれば、それは決して耐えられないものではないはず。先の「起きてしまったことは仕方がない」ということと同じで、「いまお金がなくて手に入れられないことは仕方がない」なら「手に入れられるようになればいい」のです。

物質的なものではない、たとえば仕事などについての「あの結果にたどりつきたい」というような思いにしてもそう。**たどりつきたいのであれば、それなりの努力をして、たどりつけばいいのです。**

いたって当たり前のことですが、実際のところ、それができていない方も少なくないはず。なぜならそういう方は多くの場合、やる前から「どうせ無理でしょ」などとあきらめてしまうからです。いわば、抗っていないのです。だとしたら、やってみたほうがいいに決まっているじゃないですか。

もちろん、どれだけ努力したからといって、結果が保証されているわけではありません。「必ず手に入れられる」とは誰にも断言できませんし、時には失敗に終わることもあるからです。

いや、現実的には「努力したから手に入れられた」ということより、「努力したけどダメだった」ということのほうが多いかもしれません。

しかし「乗り越えた」ことが事実であるとしたら、そのときには○○とは別の、大切ななにかを手に入れているはずです。じつは、もともと欲しかった○○よりも、そちらのほうが人間形成という意味では大きかったりもします。もちろん、欲しかったものが手に入れば、それに越したことはありませんけどね。

いずれにしても、そういう発想ができれば、「足りないもの」を手に入れる作業は決して苦しいものではなくなることでしょう。少なくとも、「どうせ無理だから」と考えるよりはずっとマシなのではないでしょうか？

「手に入れるべきもの」に対して貪欲になる

では、手に入れたいものを手に入れられる人と、手に入れられない人の差はなんなのでしょうか？　それは、**〝欲の深さ〟**ではないかと僕は思います。

「欲が深い」とだけ聞けば「あさましい」「見苦しい」などと思われるかもしれませんし、たしかに欲の深さが他者に不快感を与えるケースも少なくありません。

ただしそれは、他者がなんらかのかたちで介在する場合の話です。たとえば「自分がそれを手にするためには手段を選ばない」とか「人を蹴落《けお》としてもなんとも思わない」とか。残念ながらそういう人も世の中にはいるものですが、少なくともそういうスタンスは周囲の人間をいい気分にはしてくれません。

だから、「欲が深い＝あさましい」という図式が成立してしまうのでしょう。

ただ、ここでいう貪欲《どんよく》さはちょっと別。人を蹴落とせということではなく、**「自分のために貪欲になる」姿勢が大切だ**という意味だからです。

もし欲しいものがあるなら、「欲しいから、絶対に手に入れてやる」と貪欲になり、それを手にするために自分ができることをすべて行動に移す。到達したい場所があるのなら、「なんとしてでも到達してやる」と自分を奮い立たせ、そこを目指す。そういう意味での貪欲さ。それさえあれば、なんらかのかたちでその「手に入れるべきもの」に手が届くようになるものだと考えるわけです。

もしかしたら、そうやって孤軍奮闘している姿は、他人からは「ガツガツしている」と見えてしまうかもしれません。単純に、かっこいい姿ではないかもしれません。

でも、少なくとも人に迷惑をかけていないのであれば、それでもいいじゃないですか。自分に〝到達したい地点〟があるのなら、そこにたどり着くことがなにより重要なのですから。

人からどう見られようが、ときに笑われようが、そんなことを気にするべきではないのです。

「抗う」意味を自分に問いかける

本書のテーマである「抗う」をあらためて辞書で引いてみると、『三省堂国語辞典』にはシンプルに「はむかう。」とあります。

一方、同じ三省堂の『新明解国語辞典』の表記は「反抗する」です。

おもしろいのは、厳密にいうと後者が「(最後まで)反抗する」になっていること。

いかにも、ことばをより深く解釈した新明解らしい表現ですが、辞書の性格はともかくも、まさにこれは「抗う」ということばの本質を言い当てていると感じます。

いや、別に難しいことを言いたいわけではなく、**要するに「抗う」意志があるのなら、中途半端に終わらせるのではなく、最後まで逆らい続けるべきだということ。**思春期の中高生が思春期らしく抗っちゃうことにも大きな意味があるでしょうが、それは大人になっていくにしたがって収束していくものでもあります。

でも、大人のための抗いには、死ぬまで終わりがあってはいけないのです。なぜなら、自分らしく、自分の望むように生きていくために抗い続ける必要があるからです。

とはいえ、抗うためには **〝抗う理由〟** が必要です。

「なんとなく抗いたいから」だとすればただのアホですが、抗いたいという思いがある以上、理由は必ずあるはず。

納得できないことがあったりするときは感情的になっているため、自分を客観視することが難しくなります。でも、そういうときだからこそ、〝ムカつく理由〟〝抗いたくなっちゃう理由〟について冷静に考えるべきなのです。

それは、「抗う」意味を自分に問いかけるということであり、それをすれば、「なんとなく抗いたいアホ」とは違う人間だということになるはずです。

まったく難しいことではありません。ただ、辞書がいう「（最後まで）反抗する」という部分に、自分の内部のモヤモヤとした思い（抗いの本質）をあてはめてみればいいのです。そうすれば、自分が「抗いたい理由」がくっきりと現れてきます。

たとえば、モヤモヤしているのなら、「なぜモヤモヤしているんだろう?」と考えてみる。その結果、「いままで生きてきたなかで、心の底から納得でき、満足できた経験がほとんどない」という不満に行き着いたとしましょう。

だとすれば、それこそが**〝抗う意味〟〝抗う理由〟**です。

仕事がそこそこうまくいっていたり、人間関係にもさほど問題がない。にもかかわらずモヤモヤしているのであれば、自分でも気づいていないだけで、なんらかの〝抗う理由〟があるはずなのです。だから、ムカついたりイライラしたりするのです。

抗いたい気持ちになぜ気づけないのか?

問題は、抗いたいはずなのに、なぜそこに気づかなかったのかということ。それは、心のどこかに「抗ってはいけない」「モヤモヤすることもあるけれど、波風を立ててはいけない」「自分が我慢すればいい」というような気持ちがあるからなのでは?

でも本当に、自分が我慢したりするだけでモヤモヤの根源である問題は消えてなくなるのでしょうか？　そんなことはありませんよね。**それは単に、「見えないようにしている」だけの話であり、なんの解決にもなっていないのです。**

そして、それは厄介なことでもあります。

我慢している以上、いずれ我慢の限界が訪れる可能性も否定できないわけです。

でも、我慢が限界に達して爆発すると、破壊力はとてつもないものになり、穏やかに見えていたはずの問題の本質が曝《さら》け出されることになったりもします。それは極限状態に達しているということですから、なかなか修復できるものではありません。

つまり、抗ってこなかったからこそ、「抗いたい」という気持ちに無理やり蓋《ふた》をしたからこそ、そういうことになるのです。そう考えただけでも、「抗う」ことの大切さは理解していただけるのではないかと思います。

社会で生きていく以上、もちろん我慢も必要です。

でも、必要な我慢と不必要な我慢を見分けることはおそらく大切で、不必要な我慢なのであれば、むしろ捨て去って抗ったほうが、結果的にはいろんなことがうまくいったりするものなのです。

「言い訳」は人生にリスクを生む

「失敗した」とか「つらい目に遭った」とか、なんらかのダメージを受けてしまった場合、そのあとの行動ひとつひとつに前向きになれないものです。つい必要以上に「もし、また失敗してしまったらどうしよう」「もう、あのときみたいにつらい目に遭うのはまっぴらだ」などとネガティブな方向に考えてしまいがちだということ。

いやな思いをしたあとなのですから、それは仕方がないのかもしれません。しかし、だからといって、そこにとどまり続けていたのではいつまで経っても前に進むことはできません。たしかにそれは、一時的には楽なことです。チャレンジをしない以上、そこにリスクが伴うことはないのですから。

でも、そんなことを続けていると、人生そのものがリスクの塊になってしまう可能

性があります。大きなトラブルは回避できるかもしれないけれど、なにも生まず、なにも変化しないのですから。それは死んだまま生きていくようなものであり、そういう意味ではこの上ないリスクなのではないかと感じてしまうのです。

チャレンジをしないのは、行動しないのは、「もし○○だったらどうしよう」という仮説の部分が怖いからにほかなりません。それがやったことのないなにかであった場合、前例がないのですから不安に思うのは当然です。

でも、だからといって動こうとしないのであれば、行き着く先は「ただそれだけの人生」です。もちろんそれ自体が悪いわけではなく、なにもない、なにも起こらない、一本の線のような人生を歩みたいのであればそれを選べばいいでしょう。

でも、少なくとも個人的には、生きていく以上はなにかを期待したくなるのです。「いまできないことをできるようになれたらいいな」とか、「いま持っていないアレを買えるようになったらいいな」とか。

ただ、そこにたどり着きたいのであれば、なんらかの形で動く必要があります。そうしない限り、望むものにはたどり着けないのですから。

おかしな歩き方でもいいじゃないか

僕は、先述した怪我の後遺症で歩き方に問題があります。

だから街でスタスタときれいに歩く人を見るたび、「いいなあ、あんなふうに歩けたらどんなに気持ちがいいだろう」といつも感じます。

その一方、加齢とともに歩き方はどんどんおかしくなっていきます。だから「歩きたい」という気持ちがあるにもかかわらず、つい歩くことを躊躇《ちゅうちょ》したりもしてしまうのです。絵に描いたような悪循環ですよね。

歩くことを躊躇してしまうのは、おかしな歩き方を人に見られるのを避けてしまいがちだからです。しかも、奇異な目で見られたことが何度もあるから、歩くたびに意識をしすぎて、余計おかしな歩き方になってしまったりもするのです。

だったら、日常的に歩くことを「練習」と考えればいいのではないか？

あるときそう感じたのですが、次の瞬間に自分が考えたことに疑問を感じたのです。なぜって、「でも練習である以上、普通の人より歩くペースが遅くなるから目立っちゃうよなー」なんてことが頭に浮かんだから。

これは非常に矛盾に満ちた考え方です。そもそも、おかしな歩き方をしている時点で目立っているのです。それが気になるから、歩くことを躊躇してしまう。にもかかわらず、「普通の人より歩くペースが遅くなるから目立っちゃう」というのはあまりにもおかしい話。

で、そのことに気づいたあと、次にこう思ったのでした。

「どっちみち目立っちゃうなら、おかしな歩き方になっちゃうなら、練習しながら歩いたほうがいいに決まってるじゃん」

改めて書くまでもない、当たり前すぎる話。

でも、日常的に歩くこと（僕にとっては失敗すること）を恐れていたのでは、いつまで経ってもなにも変わらない。だから、そのことに気づいてからは、なるべく練習のつもりで歩くようにしています。

なかなかうまくいかないし、いまでもつい躊躇してしまうけれど、いつかはスタスタ歩いてみたいので。

それがいつになるのかはわからないし、もしかしたら無理かもしれない。でも、そうなりたいという気持ちがあることは間違いないのだから、失敗を恐れずに行動するべきだと考えているわけです。

「怒り」をポジティブに活用する

歩き方のことを書いていて思い出したことをひとつ。僕が尊敬してやまない、**イアン・デューリー**というアーティストのことについて触れておきます。

彼は1970年代のイギリスにおいて、おもに労働者階級に支持された「パブ・ロック」というジャンルの代表的存在。美術教師と並行して始めたミュージシャンとしての活動が、やがて本業になったという経歴の持ち主でもあるのですが、そもそも子どものころに患った小児麻痺《まひ》の後遺症を抱えており、左半身が不自由だったのです。そのため差別やいじめにも遭ったようですが、特筆すべきはミュージシャンとして成功してからもそのことを隠さなかった点。

それどころか1981年のアルバム『Lord Upminster』では、"Spasticus Autisticus"

という楽曲まで披露しているのです。
ちなみにSpasticusとは頸部の筋肉の緊張度の異常によって頭や顔が横、上下に向いてしまう「痙性斜頸《けいせいしゃけい》」、そしてAutisticusは「自閉症」のことで、つまりここで彼は自身が抱える病気のことを歌っているわけです。

俺は痙性斜頸、俺は痙性斜頸　俺は自閉症性痙縮
ノーマル・ランドのみなさん、こんにちは
あんたには俺の物語を理解できないかもしれない
俺が窓を這《は》うように通り過ぎるとき、
あんたは俺にゴキゲンな視線を投げかけるだろう
あんたは俺の体を読むことはできても、俺の本を読むことはできない

思いっきり要約すると歌詞はこんな感じで、つまりは自分をさらけ出しまくっていて非常にクセが強い。でも、だからこそ強く訴えかけてくるものがあり、強く共感できるのです。

そして、この曲に代表される彼の強靭《きょうじん》なスタンスに触れるたび、僕は共感し、勇気づけられ、そして**「歩き方がおかしいくらいで落ち込んでいられねーよな」**と思わずにはいられないのです。

感情的に抗うのは「負け」

僕はよく、熱い人間だといわれます。熱いという表現はなんだかかっこいい感じもしますが、なんのことはない。早い話が、感情的な側面があるということです。自分ではそう解釈しているので、基本的には必ずしもよろしいことではないとも思っています。

だからこそ、なるべく感情的にならないようにしようといまだに努力している最中。なかなかうまくいかないし、「やっちまった……」と反省することも少なくないのですけれど。

自分がそういうタイプなので痛いほどわかるのですが、考えや思いを伝えようとするとき、無意識のうちに感情的に、つまり熱くなってしまうことは少なくないと思います（感情を表に出さないタイプの方は別として）。それは、心のどこかで「伝えるためには、なるべく大きな声で熱く伝えなければ」「熱く伝えないと、思いはうまく伝わらない」という思いがあるからなのではないでしょうか？

ところが経験値から判断するに、多くの場合その発想は勘違いでしかないと思います。**本当に伝えたいのであれば、感情的になってしまうことは逆に不利**だともいえます。

自分を相手（聞かされる側）に置き換えてみるとわかりやすいのですが、「なんとか伝えたい」という思いを表情に浮かべながら熱く語る人を前にすると、多少なりとも引いてしまうものがありませんか？「あ、この人ちょっとめんどくさい」というように。でも逆に、表情も変えることなく落ち着いた口調で静かに話す人だったとしたら、「あ、この人の話はきちんと聞かなくちゃ」と感じるものです。自分が熱くなりがちなのに矛盾があるかもしれませんが、少なくとも僕はそういう人の話こそ肯定的に受け止めたくなります。そして、いつも自嘲《じちょう》気味に感じるのです、「こういう伝え方ができるようにならなくちゃな」と。

それに、**伝える目的が「抗う」ことなのだとしたら、そこで感情的になってしまった時点で負け**です。

勝ち負けの問題ではありませんが、「抗いの気持ちを伝えよう」という試みはそこで頓挫《とんざ》してしまうわけです。だから、感情的になるべきではないのです。繰り返しになりますが、僕自身がなかなかそれを実現できないんですけどね。

でも、一度失敗したら、次にするべきは「同じ失敗をしないようにしよう」と思いながら、前回とは違う〝感情に頼らない伝え方〟を試みてみること。それでもうまくいかなかったら、また別の伝え方を試してみる。

そんなことを繰り返していけば、少しずつでも冷静に話すことができるようになっていくのではないでしょうか。不器用な僕でさえその効果を実感しているので、少なくとも無駄ではないと思います。

悲観的になるとろくなことがない

物事がうまくいかないと、どうしても悲観的になってしまうものです。ましてや、いま目の前に立ちはだかる壁を乗り越えて、つまりは苦難に抗って前に進もうとしているのだとしたら、「うまくいかない」という現実は大きなストレスになってしまうことでしょう。

もちろん、望みどおりにうまくいかないのですから、悲観的になってしまうのは当然かもしれません。しかもそんなときの思いは、どんどん悪い方向に進んでしまいがちでもあります。

「どうしてだめなんだろう?」→「自分の力が足りないからじゃないのか?」→「やっぱり、自分に問題があるんだな」→「じゃあ、もうできることはない」というように。そうなってしまうと、後戻りすることはさらに難しくなっていくかもしれません。もちろん、悲観的になることで物事がよくなるのであれば問題はないでしょう。もしかしたら世の中には、悲観的な自分の感情を起爆剤にして前に進めるという方もいらっしゃるかもしれません。しかしそれは例外であり、多くの場合、悲観的になるとろくなことがないものです。

では、悲観的になってしまったときにはどうしたらいいのか？

そんな状態を脱するための方法はいくつかあります。たとえば、「悪いことを考えそうになったら強制的にそれを頭から排除して、無理にでもいいことを考えよう」とか。それが有効な手段のひとつであることを僕も経験から知っていますが、それ以上に意義があると個人的に感じ、日常的に行っていることがあります。

それは、**「冷静になること」**。

どうにもならない悩みがあって眠れなくなったり、不安がもとでいきなり目が覚めてしまうようなことは少なくありませんよね。

そんなときはまさにそれらを強制的に忘れようとするかもしれませんが、それは逆効果だと僕は思っています。むしろ効果的なのは、いまある不安や、悲観的にならざるを得ない現実を、すべて受け入れること。

眠れないときには無理して眠ろうとせず、ただ目を閉じたまま、「なぜ、いまの自分は眠れないほど不安なんだろう？」「なぜ、悲観的な気分になってしまうんだろう？」と冷静に考えてみるのです。

すると多くの場合、いくつかの〝原因〟が頭に浮かんでくるものです。「Aという仕事のアイデアが浮かばないからだ。しかもそれ以前に、終わらせなければならないことが3つもある。その3つのうち2つは短時間で楽に終わらせることができるけど、残りの1つは時間をかけなければ無理だ」というように。

①まず、楽に終わらせられる2つをクリアする
②次に、面倒な1つに取りかかる
③Aのアイデアをどうやって出そうかと頭の隅で考えながら、先にやるべき3つの仕

事を片づけ、それが終わった段階で本格的にAに取り組む

このように考えることができます。そしてその結果、「最初に終わらせておくべき3つの仕事を終わらせなければAに進めない。だから不安だったんだ」ということがわかります。

つまりはそれが悲観的になってしまう〝理由〟なので、それを抹消するためには、「とにかく〝最初に終わらせておくべき3つの仕事〟を終わらせるしかないし、終わらせれば悲観的な感情も消える」ということ。

当たり前すぎますが、**自分を悩ませる不安や悲観的な気持ちの原因は、多くの場合この程度のシンプルな感情**なのです。したがって、悲観的になってしまったときこそ、その現実を受け入れ、「だったら、どうしたらいいのか」について冷静に考える必要があるわけです。

「どうせ」を排除する

他人のことをとやかく言える立場にはありませんけれど、それでも「苦手だな」と感じてしまうのが、ことあるごとに「どうせ○○だから」と口にしたがる人です。

もちろん、「どうせ無理だろう」と感じるしかないようなこと、あるいは愚痴のひとつもこぼしたくなるようなことは誰にだってあります。僕にだってあります。

けれど、「どうせ○○」が口癖になっている人のなかには、「なぜ、そこで〝どうせ〟なの？」「え、また〝どうせ〟ですか？」と感じずにはいられないタイプも少なからず存在するのです。

44ページでも触れたとおり、僕も過去に何度か〝どうせが得意な人〟に出会ったことがあります。僕の目に、そういう人はなにを話しても否定的で悲観的であるように映りました。話を聞いていると疲れてしまうため、少しずつ距離をとっていったりしたものです。もちろん露骨に不快感を伝えるようなことは避けたつもりですが、そういう感情を共有したいとは思えなかったからです。

「どうせ無理だろう」が続く抗いは無意味

繰り返しになりますが、「どうせ無理だろう」と感じること自体は自然なことです。なにしろ現実問題として、人生はうまくいかないことのほうが多いのですから。とはいえ、「どうせ」が口癖になっていて、そんな自分をどうしようともしない人にはあえて言いたいのです。**「どうせ」を連発していたって幸せになれないし、発する「どうせ」の数が多ければ多いほど、幸せから遠ざかっていくかもしれない**、と。

もちろんそれは、科学的な根拠に基づいた考え方ではありません。でも不思議なことに多くの場合、ネガティブな感情はさらにネガティブな感情や、それに付随するネガティブな結果へとつながっていくものです。よく言われるように、「呼び込んで」

しまうわけです。理屈では説明しづらいことではありますが、この〝感覚〟については共感できる方も少なくないのではないでしょうか？

それに、もし「抗いたい」という気持ちを抱いているのであれば、その目的に至るどこかの過程で「どうせ無理だろう」と感じてしまったとしたら、ましてやそんなことが何度も続くのであればなおさら、**抗おうとするその試みは意味のないもの**になってしまうはずです。それは、誰が考えても当たり前の話です。

仮にそういう気持ちがよい結果を生むのであれば、いくらでも「どうせ無理」だと考えるべきでしょう。しかし、どう考えたってそんなことはありえません。第一、つねにネガティブな状態でいたら、どんどんつらくなっていくのは自分自身です。

そういう意味でも、**「どうせ無理だろう」は封印したほうがいい**。それを聞かされる相手は嫌な気持ちになるでしょうし、自分だって前向きにはなれません。したがって、そういうことはすべきでないのです。

少なくとも、抗いたいのであれば。

「どうにもならない」ものは「どうにもならない」

先に触れてきたとおり、僕は〝やりなおしの効かない状況〟に投げ込まれたことが何度かあります。

たとえば頭を怪我し、いろいろなことがうまくいかなくなったときには「もう、前の状態には絶対に戻れないんだな」と何度も感じましたし、火事で住む家を失ったときにも「燃えてしまったものはもう再現できない」という現実と向き合わざるを得なかったわけです。

そういう体験をしてきたからこそ断言できるのですが、「努力したところでどうにもならない」現実があった場合、なによりも重要なのは、**現実を冷静に受け入れることです。**「どうにもならない」のだとしたら。悲観的になったり絶望的になったりしても無理はありません。

けれども、**どれだけやけくそになったとしても、「どうにもならない」ものは「どうにもならない」**のです。それはもう、笑っちゃうほどどうにもならない。

しかも、生きている過程ではしばしばそういうことがあるものです。

では、どうにもならないのであれば、どうすればいいのでしょうか？

それは意外と簡単なことでもあります。

慌てたり悲観したりすることなく、現実を「起きてしまったものは仕方がない」と受け入れ、「では、ここからどうやりなおせばいいのか」を具体的に考え、実行するのです。どう考えても、いま目の前にある「どうにもならないこと」を乗り越えるためにはそれしかありませんし、それこそがベストな選択です。

前述したように、「どうせ無理だ」「どうせもうだめだ」と思っているだけではなにひとつ変わりません。

でも、「あー、結果がこうなっちゃいましたねえ。期待とはまったく違う方向に進んじゃいましたねえ」ということになったのであれば、「じゃあ、なってしまったものは戻せないんだから、ここからどう進むかを決めましょう」と考えたほうが建設的です。

望まない結果が「起きてしまった」ことである以上、そうやって考えた先にあるものこそが人生においてのベストな結果である。

僕はそう信じています。

これは、きれいごとでもなんでもありません。なぜって、どんなことがあったとしても僕たちは進むしかない、いや、よりよく進むべきなのですから。

「なるようになる」は必然的な考え方

高校一年生だった1978年に、放送局の文化放送が「チャレンジ・アメリカ」というキャンペーンを立ち上げました。ネーミングにはちょっと恥ずかしいものがありますけれど、3回審査をして選んだ高校生をロサンジェルスに無料でホームステイさせてくれるという太っ腹企画。まだ見ぬアメリカにかぶれていた当時の僕にとって、それは夢のような話でした。

とはいえ、行けるのは15人だけです。ましてや東京都下の三流高校に通っていた僕はまったく模範的な高校生ではなく、合格する可能性は著しく低かったはずです。ところが、受かってしまったんです。他のメンバーは優等生揃《ぞろ》いだったので思い切り異端児となったわけですが、とはいえ合格してしまえばこっちのもの。

番組代表として同行してくださったシンガーソングライターのばんばひろふみさんから、「印南、俺はおまえがいちばん心配や」と呆《あき》れられながらも、2週間のカリフォルニア・ライフを満喫したのでした。

でも、なぜ僕のような劣等生が受かったのでしょうか？　それは、応募の段階からつねに「なるようになる」と考えていたからだと思います。アメリカには憧《あこが》れがあったので、もちろん受かりたいと思ってはいました。とはいえ、客観的に考えればその可能性はとても低い。

しかし、どちらにしても「なるようになる」し、「なるようにしかならない」。なぜだか、そんな思いが心から離れなかったのです。

どう考えても、望みが叶《かな》わない可能性のほうが高い――そんなときには、とかく悲観的に考えてしまいがちです。先に触れたように、「どうせ無理だろう」というような発想に陥ってしまうわけです。たしかに可能性が低いのであれば、悲観的になってしまっても無理はないでしょう。

しかし、ここには重要なポイントがあります。それは、「望みが叶わないことが決定した」ではなく、「望みが叶わない可能性のほうが高い」にすぎないということ。**まだ答えが出ていないのだから、叶う可能性が低かったとしても、ゼロではない**ということです。つまりそこにはまだ、「なるようになる」余地が残されているのです。

だとすれば、なにをすべきでしょうか?

少なくとも僕は「なるようになる」というところに可能性を期待します。高校生だったあのときもそうでした。

もちろんそれは、他のことがらにもあてはまります。たとえ日常のほんの小さなことであったとしても、「ああ、困った。どう考えても無理だ。どうしよう」というような局面を強いられたときには、「なるようになる」と考えるわけです。そして経験値からいえば、多くの場合はそう考えていたほうがうまくいくものです。

「なるようになる」は、「なるべき必然的な結果に落ち着く」ということです。要するに「望みどおりになるかもしれないけれど、ならないかもしれない」ということです。言い方を変えれば、行き着く先が望んでいなかったところだったとしても、それこそが「なるようになった」結果であるわけです。

そう考えれば、たとえ望んでいたものとは違った結果だったとしても、「なるほど、これが『なるようになる』ということだったんだな。つまり〝必然〟だったんだな」と割り切ることができるのではないでしょうか？

僕自身も何度もそう感じたことがありますが、そうやって目の前の結果を必然として受け止めれば、悔しさや悲しさはあまり感じないはず。なぜって、繰り返しになりますけれど、それは〝必然〟なのですから。

必然とは、必ずそうなると決まっていることを意味します。いわば、そこに行き着いたということは〝そういうものだった〟ということなのです。

苦しんでも楽しんでも結果はひとつ

一緒にアメリカを旅したばんばひろふみさんには、それからもかわいがっていただきました。なにしろ僕は彼から見て「いちばん心配」な人間だったのです。「馬鹿な子ほどかわいい」ということわざがありますが、まさにそれだったかも。

ともあれそんなわけで、帰国後もばんばさんは僕にとって兄貴のような存在となったのでした。そして僕はなにかに悩むたび、ちょくちょく相談をしていました。いま思えば、それに付き合わされるばんばさんはたまったもんじゃなかっただろうなあ。

ひとつ覚えていることがあります。いつものようになにかに悩み、電話をかけて相談したときのこと。あのときは、「これからどうやって生きていったらいいんだろう？」というような、青春時代にありがちなことで悩んでいたのだと思います。

そんなことを相談されたって、答えようがないですよね。
でもそのとき、ばんばさんはこう話してくれたのです。

「印南、いまおまえは苦しそうに悩んでいるよな。でも、苦しんで悪い方向に考えていくと、どんどんエスカレートして、悪い結果を呼び込んでしまうぞ。そういうもんや。それに、苦しんでいようが楽観的でいようが、行き着く結果はひとつだけや。だったら楽観的でいたほうが楽やんか。『結果はひとつだ』と楽に考えていけば、それに見合ったいい結果が出るもんなんや」

本当にそのとおりだなと感じました。そしてそれ以来、なにかの問題に直面するたび、僕はこのことばを思い出すようにしています。いまでは楽観的に考えることがすっかり根づいてしまったため、「のんきですね」などとツッコミが入ることすらあるのですが、それくらいでいい気がしています。

ゴールへのプロセスこそが「抗う」意味

どんな物事にもゴールはあります。そしてそのゴールの形は、自分の気持ち次第でどのようにも変わるものです。だからこそ、抗いたいという思いを抱きつつも、なかなかうまくいかないという方には、ぜひとも記憶にとどめておいていただきたいことがあります。

ゴールへ至る「抗い」のステップ

①いまがつらくても、ゴールがあることを信じる

②迷いを捨てて、そのゴールを目指す

③ゴールの先にあるものこそがベストだと信じる
④そのプロセスこそが「抗う」ことだと理解する

まずは①。いまがつらいと、そのつらさが永遠に続いていくような気分になってしまいがちです。しかし現実的に、それはありえないことです。どれだけつらくても、生きている以上は地獄に落ちたわけではないのですから。

つまり、生きている以上は必ず、「なるようになる」形で物事にはケリがつくものなのです。いいかえれば、「ああ、やっとなんとかなった」と思えるその場所こそがゴール。

だからこそ重要なのは②。すなわち「本当にあのゴールを目指していいのかな？」とか「目指す場所が違っていたらどうしよう」などとウジウジ考えず、迷いを捨ててそのゴールを目指すべきだということです。

仮にその先にある場所が間違っていたとしたら、そこを目指しているどこかのプロセスで違和感を覚えるはずです。「いや、こっちじゃない」と、理屈以前にピンとくるのです。それは人間が持つ〝勘（直感的に感じ取る能力）〟。したがって、もし勘が働いたのなら足を止め、また方向を修正すればいい。

そういうことを繰り返しながら進んでいけば、やがて必ず③、つまり「ベストだと信じられるゴール」は見つかるものです。だから、そこを目指せばいいのです。

もちろん、そうやって進んでいくことは決して楽ではないでしょう。しかし、そのプロセスこそが④。「抗う」ことなのです。

そして、そうやって抗って進んだ先に目指すべき場所、行き着くべきゴールがあるもの。いいかえれば抗うことは、自分に適したゴールにつながった道を示しているのです。

第3章

ささやかな「抗い」のプロセス

事故で死にかけ、大学は2度中退した

亡き父は、出版社で編集の仕事をしていました。厳しい人でしたが憧《あこが》れの存在でもあり、子どものころの僕は「大人になったらお父さんと同じ仕事をしたい」と漠然と感じていました。編集がどのような仕事なのか、まったく知りもしなかったくせに。

でも結局のところ、そういう思いを抱くことができたのは小学4年生になった月の終わりまでのこと。そののち頭を怪我した結果、いろいろな意味で後れをとり、劣等感と絶望感が積み重なり、〝漠然とした将来の夢〟は〝どう転がっても実現不可能な現実〟になってしまったからです。「そんなの自分次第じゃん」といまでは思いますけれど、少なくとも当時は「もう終わった」としか考えられなかったのです。

なにしろ長期入院していましたから、勉強が遅れに遅れて成績は急降下。それだけでも自信は失われたわけですけれど、他のすべてのことがらについてもまた同じ。「こういうことになったのだから、もう、なにをやっても無理に決まっている」とネガティブに考えるようになってしまったのです。

そのため、「父のように編集者になってバリバリ働くなんて、もう絶対に無理」と感じるしかなかったわけです。

ですから以後、中学生になってからも高校生になってからも、心のどこかで人生をあきらめていた気がします。「どうせできない」という間違った認識が頭に貼りついていたため、「将来はこういうことをしたい」という目標を持とうという発想に至らず、「適当に大学を出て、適当に就職するだけなんだろうな」という程度にしか未来をイメージできなかったのです。まじめに受験勉強することもなかったため、一浪したのちかろうじて底辺校に受かったものの、まったく行く気にはなりませんでした。

合格発表当日のことは、いまでもはっきり覚えています。たしか土曜日で、戻った家にはたまたま父しかいませんでした。

「受かった」

居間で本を読んでいた父に報告したものの、その時点で僕は入学しないと決めていました。とくに行きたかった大学でもなく、そもそも大学でやりたいことすらなかったからです。ところが、父が「そうか」と答えて眼鏡をずらし、目元の涙を拭った姿を目にしたとき、気持ちが大きく揺らぎました。

一度は事故で死にかけた息子が、大学に受かった――。

おそらく父は、そう感じていたのでしょう。血のつながった息子ですから、僕にはそれがはっきりわかりました。だから次の瞬間には、「行きたくないけど、行かなきゃ悪い……」と感じてしまったのです。大学に行くか行かないかは主体性の問題なので悪いもヘッタクレもないのですけれど、父の気持ちを考えると、行かないわけにはいかないと思ったわけです。

大学に入学してみたものの……

とはいえ気持ちは前に進まず、入学式にも親を呼ばずにひとりで、普段着で行きました。正装してうれしそうに写真を撮っている同級生親子の姿を、冷めた目でじっと眺めていた記憶が残っています。

いずれにしても、そんな状態でまともな大学生活など送れるはずがありません。入学後の生活は平坦でつまらなく、しかもそんななかで美術、とくにイラストレーションへの関心ばかりが高まっていったのでした。とはいえ美大受験のための勉強などしたこともなかったので、見よう見まねで絵を描いたり、いろいろな美術館に足を運んだりして日々を過ごしていました。

そしてあるとき、大学を辞めさせてほしいと、親に頭を下げました。いまの大学を辞めて美術の勉強をしたいと、その決断が本当に正しいのかどうかもわからないまま、懸命に思いを伝えたのです。結果、両親は理解してくれました。というよりも、そうする以外になかったのだろうと思います。

望んで入った美大もドロップアウト

辞めてからは、アルバイトをしながらとある美大の通信教育課程で勉強することにしました。自分で勝手に決めたことですから、親には「学費はすべて自分で払うから」と宣言しました。それが正しいと思ったし、できるとも思っていたからです。

しかし、現実は甘くありませんでした。アルバイトに明け暮れてもお金は貯まらず、数年後には学費が払えなくなって、熱い思いで入学した美大を辞めざるを得なかったのでした。前の大学と違って辞めたくはなかったけれど、他に道がなかったのです。

ですから僕は、大学を2度中退したことになります。非常に遠回りしたことにもなるでしょうが、抗おうとした結果なので、後悔はしていません。

しかもそれから数十年を経て、「あのときの決断は間違っていなかったのかもしれないな」と思えるような結果になったのでした。

気づいたら編集者に

美大に入ってしばらくすると、知人の紹介などもあって少しずつ仕事をもらえるようになりました。とはいえ生活していける収入が得られるはずもなく、以後もしばらくは「メインはアルバイトで、たまにイラストやグラフィックデザインの仕事がくる程度」といった状態が続きました。

しかもそのうち、基礎がないというコンプレックスが大きな壁になって〝描けない〟沼の底へ。スランプどころの騒ぎではなく、本当になにを描いてもうまくいかず、「これからどうやって生きればいいのか」と追い詰められることになったのです。しかしそんななか、とあるデザイン会社から声がかかって、以後はグラフィックデザイナーとして働き始めたのでした。

基礎もスキルもなかったくせに、なぜイラストなんかを描こうとしたり、グラフィックデザインに足を突っ込んだりしたのか。もちろんその方面への関心があったからなのですが、もうひとつ理由があったようにも思えます。

あとから振り返ってみて気づいたのですけれど、あのころは当初の夢であった編集や執筆の仕事から、無意識のうちに距離を置いていた気がするのです。どのみちそちらへ進めないなら、なるべく見ないようにして、ひっそり別な方向で生きていこうと。

そののちデザイン会社から、小さな広告代理店に転職しました。広告代理店といっても電通や博報堂のように華やかな職場ではなく、求人広告を手がけていた小さな会社。でもバブル景気に乗じて自社媒体を創刊したりして（驚くべきことにテレビCMも頻繁に流れていました）、なかなかやりがいがありました。

景気のいい時代でしたし、広告といっても中小企業であるその会社では、アート・ディレクター、デザイナー、コピーライターというように分業化されていたわけではありませんでした。早い話がアート・ディレクション（というほどのものでもない）、デザイン、コピーライティングのすべてをひとりで担当していたということ。

つまりは〝なんちゃってクリエイター〟みたいなものだったわけですが、でも、仕事がとても楽しかったのです。そして（その会社の倒産～系列会社への転職というプロセスがあったものの）気がつけば役職がつき、実務に関していえばコピーライティングの比重が大きくなっていったのでした。

さらにそれから数年後には音楽ライターとしても活動しはじめ、その流れで音楽雑誌の編集の仕事に携わるようになりました。編集の「へ」の字も知らない状態だったので周囲の方々にもご迷惑をおかけしましたが（それでも一生懸命だったんですけどね）、気がつけば、意識的に避けていたはずの編集者になっていたわけです。

できあがった雑誌を見せたとき、父が編集者としての立場から厳しいアドバイスをくれたことが心に残っています。

僕はなぜか子どものころから母に、「お父さんに仕事のことを聞いてはいけない」と言われながら育ってきたので（おかしな話ですよね）、初めて仕事の話が聞けて、とてもうれしかったことを覚えています。

「子どものころ、怪我したよね？」

父は会社を退職後、文芸評論家をしていました。ところが少しすると脳梗塞《のうこうそく》で倒れ、その活動は短期間で終わることになりました。僕が音楽ライターになりたいと思い始めるよりも少し前のこと。

そのころには会社の仕事にも慣れ、単調な日常に新鮮味を感じなくなっていたので、いつしか「好きな音楽について書く仕事をやってみたい」と思うようになったのです。タイミングもよかったのでしょうが、ありがたいことにうまくいき、会社と二足の草鞋《わらじ》を履いていた期間を経て編集者になり、やがて音楽ライターとして独立しました。

専業の音楽ライターだったころは、自分で編集と執筆を手がけたR＆Bのガイドブックが売れたり（印税ではなく買い取り制だったので、売れたわりには大赤字でした）、同時期に始めていたクラブＤＪとしても活動したりと、それなりに忙しい時期が続きました。けれども、音楽専業という立場がどうも自分には合わなかったのです。ガイドブックは１万５０００部売れたそうで、客観的に考えれば大ヒットです。とはいえそれを買ってくださったのは、Ｒ＆Ｂを好きな人だけ。でも、もし受け入れてもらえるなら、僕はより広い層の方々に届けたかったのです。

専業音楽ライターを続けているうちにそんな思いはどんどん強くなり、以後は少しずつ、音楽ライターを続けながらも40代向けの一般誌に活動拠点を移していきました。まだ雑誌が売れていた時代ですから、当時は同年代のサラリーマンよりも多めの収入を得ていたと思います。

何十年も気づかなかった不思議なご縁

そういえばあのころ、どうしても仕事をしてみたかった雑誌がありました。しかしそれは、父が勤めていた会社が出していたものだったのです。父親はそこそこ名の知れた社員だったらしく、しかも「印南」という苗字自体が珍しいので、どうにも営業をかけづらいと感じていました。親の名前を利用していると思われたくなかったからです。でも妻から「もう世代交代してるよ」と言われ、それもそうだなと思って編集長に企画を持ち込んだところ、持ち込んだ企画で一冊つくることが決まりました。

ところが、父がいた時代には入社していたはずのその編集長の口から、父の話題が出ることはまったくなかったのです。なんだかモヤモヤしましたが、「なるほど、これは試されているのだな」と考えることにして仕事に専念しました。

その結果、担当した号はそれなりに売れたようだったので、そろそろカミングアウトしようと思って連絡すると、まさかの人事異動。仕方がないので新しい編集長に話してみたら、その人も父のことを知っていてくださったため、前編集長に伝えてくれました（前編集長は、本当に気づいていなかったようです）。

それからしばらくして編集部で仕事していたら、前編集長がふらっと入ってきて言いました。

「どうして黙ってたんだよ？」

「いや、結果を出してからじゃないといけないと思って……」

すると前編集長は、意外なことを言い出したのです。

「子どものころ、怪我したよね？」

「え、あ、はい……」

「社の重役連中に話したらさ、何人かが輸血したって」

「え」

「だから、おまえはこの会社から離れられないんだよ」

そのことばを聞いたとき、何十年も自分のなかに澱《よど》んでいたコンプレックスが融解していくような気がしました。子どものころは、怪我をしたから父親のようにはなれないと決めつけていたけれど、近いところまでは来られたのかな、と。

抗いの果ての「書評家」という仕事

ともあれしばらく仕事は順調でした。それなりに充実感もありました。子ども時代から山あり谷ありで、何度も心が折れそうになったけれど、目の前で起きる現実を受け入れ、抗い続ければ、いつしか道は頑丈になっていくものなのかもしれないな、と。

ところが、谷に落ちるのです。そのころの僕は40～50代くらいのお金持ちをターゲットにした「クオリティ・マガジン」を主戦場にしていたのですが、2008年のリーマンショックあたりを境に、それらの雑誌が相次いで休刊（休刊は実質的に廃刊を意味します）。

まるでジェットコースターが急降下するような勢いで仕事が減っていき、年収もそれまでの半分以下になってしまったのです。

毎朝うなされて目を覚ますような状況が一年くらい続いたので本当につらかったのですが、やがて「ライフハッカー・ジャパン」というメディアから「書評を書いてみませんか？」と声がかかり、そこから書評家としての活動がメインになっていきました。いまではウェブや紙媒体で、複数の書評を書かせていただいています。

早いもので書評家になってから十数年が経ちますが、あるとき、ふと気づいたことがあります。**「考えてみると、いつの間にか親父《おやじ》と同じ仕事をしていたんだな」**って。

先述のとおり父の最終キャリアは文芸評論家でした。僕が扱っているのはビジネス書が中心ですが、それでも「本を紹介する仕事」という共通点はたしかにあるわけです。

不思議な話だなあと思いますけれど、それもまた、「負けてらんねえ」という思いを抱きながら抗ってきた結果なのではないか。いまならそう感じることができるのです。

第4章

僕が伝えたい「抗う人」たち

ああいうのって全然ロックじゃない

ロック・バンド**「マキシマムザホルモン」**の「歌と6弦と弟」、すなわち「ヴォーカルとギターを担当している弟」である**マキシマムザ亮君《りょうくん》**と出会ったのは2007年3月のこと。名曲「恋のメガラバ」を含む『ぶっ生き返す』というアルバムのリリース・タイミングにインタビューをしたことがきっかけでした。

ちなみに『ぶっ生き返す』が意味するのは、わかりやすくいえば「極限の憎悪」。「〝ぶっ殺す〟だけでは気持ちが収まらないから、いっそのこと〝生き返してやれ〟」という屈折した意味が込められているわけです。発想が突き抜けていますが、ホルモンのこうした〝普通じゃない〟コンセプトのすべては、亮君の脳内から生まれたもの。

そういえば2019年には〝マキシマムザホルモン2号店〟として「コロナナモ

レモモ」というバンドをデビューさせたりもしましたね。２０２４年２月には〝倒産〟として解散を表明しましたが、そもそもバンドの２号店とか発想がぶっ飛びすぎ。
そんな亮君は当然ながら「ロック」についてもユニークな考え方を持っていて、それがとてつもない説得力を感じさせてもくれたのでした。たとえばすごく印象的だったのは、インタビュー時に聞いたこと。

「ライヴのときにバンドマンがステージでマイクスタンドをぶっ倒したりしたら、スタッフが慌てて出てきて中腰でそれを直したりするじゃないですか。僕、ああいうのって全然ロックじゃない気がするんですよね。むしろ、ライヴが終わったあとにメンバー全員でゴミを分別したりとか、そういうスタンスのほうがよっぽどロックだと思うんです」

亮君はこんなことを話してくれたのです。そして、僕はそこに強く共感したのです。

誤解されがちな「反逆精神」

たしかに、ロックのバックグラウンドにあるのは「反逆精神」です。とはいえ、体制や世間などに背く（＝抗う）ことを意味する「反逆」は、なにかとミスリードされがちでもあります。「社会（大人）に刃向かう俺らカッケー！」というように。

しかし、抗いは決して「社会（大人）」に背を向けることではありません。第一、**もし刃向かうこと自体が目的になってしまうのだとしたら、それは幼児の「いやいや期」と大差ない。**形骸《けいがい》化《か》したパンク・ファッションがちょっとダサく見えるのと同じで、本来あるべき目的がどこかへ行ってしまっているわけです。

そして忘れるべきでないのは、「本来あるべき目的」の内部に**「既成概念に囚《とら》われないマインド」**が含まれているということ。そういう意味で、「ライヴ終了後にメンバー全員でゴミを分別する」という発想のほうがはるかにロックであり、間接的な意味において「抗い」にもなりえると感じるのです。

蛇足ながら、初対面の時点で意気投合した亮君とは、翌日からSNSを通じてちょくちょくやりとりをする仲になりました。なんとなく「同じ匂《にお》い」を感じ合ったからなのでしょうが、その関係はいまでも続いています。

にもかかわらず、実際に会ったことは、そのインタビュー時を含め17年の間に2度しかないんですよ。しかし、だからこそ、たまにしか会わなくても通じるものは通じるんだよなあと感じたりもするのです。

組織に属しながら抗う生き方

ロックは「反逆（抗い）」の音楽なのだから、組織の歯車になって働くなんて言語道断——。かつて、そんな考え方をするミュージシャンは決して少なくなかったように思います。

音楽活動を優先し、食いぶちはバイトで補うとか、同棲《どうせい》するパートナーの収入に頼るとか。いずれにしても「組織に属さない」ロック・ミュージシャンは相当数存在したわけです。

ただでさえそうなのですから、「反逆」の代名詞というべきパンク・ロッカーは、ことさらそんな思いを強く抱いていたのかもしれません。

しかし、なかには会社員を続けながらパンク・ロックを続けているバンドもいます。

その好例が、1982年に名古屋で結成された古参バンドの**「the 原爆オナニーズ」**。バンド名には口にしづらいものがありますが、僕はこのバンドが大好きなんですよ。その音楽のかっこよさのみならず、旧来の価値観に背を向け、あえて仕事をしながらバンドを続けているという姿勢にめちゃめちゃ共感できるから。

事実、フロントマンであるヴォーカリストのTAYLOWさんは、大手メーカーの系列会社の社員として働きながらバンドを続けてきたのです。数年前にメールでインタビューしたのですが、仕事とバンドの両立については次のように述べています。

「生活とバンドは別と最初から割り切っているので、ミュージシャンである前に、社会に生きる人の意識がある」

また、**「ロックというフォーマットを使いバンドをやっているけど、バンドマンの前にパンクであるというところが、自分が物事を進める上でのよりどころとなっている」**ともおっしゃっているのですが、これは「抗う」ということについての本質的な回答であるようにも思えます。

重要なのはパンクであり続けることなのだから、バンドを維持したり、維持するために仕事を持ったりするのは当然。すなわち、それこそが彼にとっての「抗い」だということ。こじつけっぽいかもしれませんが、個人的にはそう感じるのです。

少なくとも、「俺はパンクスだから会社員にはならない」と依怙地《いこじ》になるよりも、ずっと「反逆（抗い）」を体現しているといえるのではないでしょうか？

ちなみにTAYLOWさんは体調を崩されたために53歳で早期退職され、還暦を過ぎたいまは、若いバンドの支援をしたり、パンクの魅力を文章にしたりしながら、バンドも継続されています（このインタビューを行った2022年9月時点）。


「JOJO広重（筆者注：日本のアンダーグラウンド・シーンを代表するノイズ・ミュージシャン）が話しているように、年齢を加えるといろいろな課題が見えてくると思う。それは、バンドだけでなく、生き方になると思う。ある日突然、〝人生100年〟と言われても、実感がない。60歳を超えて、普通のおじさんが、ステージ上で、ありのまま

の姿をさらけ出していけるか、衝動的なものを伝えていけるか、ということです」

ものすごくかっこいい生き方だと思いませんか。

僕はファンのひとりでもあるけれど、それをさておいても「抗い」を実践している人として尊敬できると感じています。

ＥＣＤから学んだ「抗い」

２０１８年1月24日、**日本のヒップホップ・シーンを代表するラッパーのＥＣＤさん**（石田さんとお呼びしていたので、ここからはそう表記します）が57歳で世を去りました。

がんにかかり闘病中だという話はそれ以前から聞いていたものの、訃報が届いたときには僕も大きな衝撃を受けました。この文章を書いているいまも、「もう、石田さんよりも長く生きてしまったんだな」という思いが頭をよぎっています。

石田さんは、日本にまだヒップホップが根づいていなかった１９８０年代後期に活動を開始した古参ラッパー。ＤＪ機材メーカーのベスタクスによる「オールジャパンオープンＤＪバトルコンテスト」で優勝し、１９８９年には「CHECK YOUR MIKE」という、ＭＣ（ラッパー）を発掘するイベントを開始。翌年にデビュー・シングル「Pico curie」をリリースして以降、地味ながらも着実に実績を積み上げていったのでした。また、1996年に国内ヒップホップ・イベント「さんピンCAMP」を主催するなど、シーンの育成のためにも積極的に動いていました。

そんな石田さんの人生は、まさに「抗い」そのものだったように思います。たとえば国内アンダーグラウンド・ヒップホップの古典として知られる1995年の"Mass Vs Core（Feat. You The Rock & Twigy）"は、**「アンチ J-Rap ここに宣言」**というパンチラインに明らかなとおり、"J-Rap"と呼ばれてポップ化しつつあった商業路線の国産ヒップホップに対する挑戦状でした。

またその一方、反原発、反レイシズムの活動にも尽力していました。対象がなんであれ、納得できないものに対しては正面から抗うスタンスの持ち主だったわけです。

ラップに限らず音楽、芸術はむしろまともな人生を踏み外すためにあると僕は信じていた。日本語ラップが認知され、まともな世界の仲間入りをす

る。そんな行く末は僕には耐え難いものだった。(『いるべき場所』メディア総合研究所・156ページより)

―――

僕も、石田さんから大きな影響を受けたひとりです。勤めていた会社の仕事にも満足できずにいた1990年代前半、「このまま抗わずに終わってしまうのは嫌だな。音楽ライターになってみたいんだけどなぁ……でも……」とウジウジ悩みつつ、行動に移すことをためらっていたのです。

そんなときに聴いたのが、1992年のファースト・アルバム『ECD』内の「アタックNo. 1」。アルバム内でもあまり目立たない地味な曲ですが、初めて耳にしたとき、「抗いたいならさっさと抗えよ」と頭を叩かれたような気がしたのです。

「やりたいことがあるならアタック　ボヤボヤしないで早く支度
チャック上げて社会の窓ピシャッとシャットアウト
お節介な御託　気にするこたない　そうだよまったく　親泣かせるにもいらない屈託」

（「アタックNo.1」より）

リリック（歌詞）にはこのあとも、「そうだよなあ」と共感できるメッセージがたくさん詰め込まれていました。「せっかく生まれてきたのにちょっとの恥かくことを怖がってちゃいけない」とか、「誰も見てないし聞いてない　君は深く考えすぎだよ」とか、「一花咲かせてでっかく散ろうぜ」とか。

どれもベタすぎるくらいあたり前のことなのですけれど、当時の僕はその「あたり前」を忘れかけていたのです。いや、忘れたふりをしていたのかもしれません。いずれにしても、頭で考えすぎていたのです。でも石田さんのいうとおりで、やりたいことがあるなら動くしかないわけです。

そこで、ここから僕は動き始めることにしました。具体的には、書きためていた原稿（そう、なんだかんだ二の足を踏んでいたくせに、原稿は書きためていたわけです）をいくつかの音楽雑誌に送りつけたのです。そういう人間はあまりいないということをあとから知りましたが、しかしその行動が、音楽ライターとしての扉を開くことになったのでした。やってみたらうまくいって、ほどなく複数の音楽雑誌で書けるようになっていたのです。

　つまり、結果的にはこの曲が、音楽ライターとしての僕の出発点になったといっても過言ではないのです。

　まさに「案ずるより産むが易し」だったわけですが、そこから僕の新たなフェーズがスタートしたわけです。

第5章

いまここで抗い続ける人の声を聴く

――林眞須美死刑囚の長男との対話

1998年（平成10年）7月25日に、そののち**「和歌山カレー事件」**として知られることになる事件が起きました。

和歌山県和歌山市園部地区で開催された夏祭りの会場で提供されたカレーを食べた67人が、吐き気や腹痛を訴えて病院に搬送され、4人が死亡したのです。当初は食中毒だと判断されたものの、そののちの調査でヒ素（亜ヒ酸）が混入されていたことが判明。つまり、誰かがなんらかの目的でカレーにヒ素を入れた可能性が出てきたわけです。

その結果、事件から数ヶ月後の10月4日に、元保険外交員・主婦の林眞須美《ますみ》さんが、夫の林健治さんとともに逮捕されました。本人も認めていますが、健治さんには保険金詐欺の犯歴があるため、まずはそれを理由に逮捕されたのでした。

そして以後、カレーへのヒ素混入による殺人及び殺人未遂容疑で再逮捕、起訴。眞須美さんは一貫して容疑を否認していますが、2002年12月11日に一審に和歌山裁で死刑が言い渡されました。

ご存じの方も多いと思いますが、当時は連日にわたって多くのメディアが林家の前に陣取りました。その過程においては、執拗《しつよう》なマスコミに対してホースで水をかける眞須美さんの姿がセンセーショナルに報道されたことなどもあり、林夫妻は一躍時の人となってしまいます。

冤罪の可能性がささやかれはじめる

ところがこの事件に関する裁判には大きな問題があることが、のちの検証により明らかになっていきます。それは、**直接証拠がなく、状況証拠の積み重ねだけで有罪とされている点**。そもそも眞須美さんの犯行動機が不明瞭《ふめいりょう》なままなのです。

つまりは、冤罪《えんざい》の可能性がきわめて大きいということ。そのため、最高裁で死刑が確定し、**大阪拘置所に収監されている林眞須美さんは、いまなお無罪を主張し続けています**。

一連の流れの不自然さは誰の目から見ても明らかですし、話を単純化してしまえば「この地区には保険金詐欺をやったことのある奴がいるから、犯人に仕立て上げよう」

という意図が働いていたことを否定する理由がどこにもないのです。

しかし、過去に保険金詐欺の前科があった（から怪しい）としても、それを理由にまったく関連性のないカレー事件の犯人に仕立て上げようというのはどう考えても筋が通っていません。

だからこそ僕も、他人ながら長らくこの事件の動きに注目してきたのですが、そんななかで気になっていたことがあります。

それは、林夫婦のもとに生まれた4人の子どもたちのその後。

両親の逮捕後、4人は児童養護施設に預けられたものの、そこで壮絶ないじめを受けることになったのです。結果的にきょうだいは離散し、長女は2021年6月9日に自死。そんななか、事件当時11歳だった長男の林くんだけが、職場や友人にも身分を隠しながら、無実を訴え続ける母の眞須美さんと面会を続けているのです（「はじめに」でも触れたように僕は「林くん」と呼んでいるので、以後もそう表記します）。

詳細については2019年に発売された著書『**もう逃げない。～いままで黙ってい**

た「家族」のこと〜』（林眞須美死刑囚長男著・ビジネス社）を確認していただきたいと思いますが、ともあれ彼は11歳だった25年前から36歳になった現在まで、ずっと抗い続けているわけです。

本書を書こうという段階で「誰か、抗っている人と対談したいよね」という話になったとき、林くんのことを思いついたのは、そんな理由があったから。

じつをいうと最初は対談相手として数人の候補の名が上がっていたのですが、「この人と対談したい」と明確に思える相手は彼以外にはいなかったため、「だったら林くんだけに絞ろう」ということになったのです。

そこで彼の地元である和歌山まで足を運び、対面したのが2023年9月24日のこと。予想どおり、いや、それ以上に紳士的で頭のよい好青年だったことが印象的でした。ここから始まる対談は、そのときのやりとりを記録したものです。

なお、僕は林眞須美さんの一歳年下なので、ぶっちゃけ彼との間には親子くらいの年齢差があります。とはいえ、音楽の好みなど共通点も多く、あっという間に意気投合できたのも事実。

話自体も他人行儀なものでなく、雑談に近い感じで進んでいきました。そこで当時の雰囲気を再現するために、ここでは敬語ではなく謙譲語（つまりはタメぐち）のままにしてあります。僕の人称も基本的には「僕」なのですが、話が盛り上がったときには「俺」に変わったりもするので、それもまた当時の雰囲気を伝える要素のひとつとして残しておくことにしました。

2023年9月24日初対面

向かいます。
5分ほどで着きます。
よろしくお願いします。

――

林くんから返信が届いたのは、ホテルのロビーに到着したことをショートメールで告げた直後。そして、本当にぴったり5分でエスカレーターのドアが開きました。

「はじめまして、林です。遠いところまでお越しいただき、ありがとうございます」

黒い服に身を包んだ長身の彼は、予想していたとおり、物腰が柔らかでとても礼儀正しい人物でした。少しだけ固い印象もありましたが、初対面なのですから当然かもしれません。ともあれ、さっそく別の階の部屋まで移動しました。

室内には対面できる椅子《いす》とテーブルがなかったため、横に長い窓際のソファの端と端に並んで座るようなかたちに。「物理的な距離は近いのに、妙に距離を感じてしまうな」と感じつつも、お互いのことを探り合うような空気のなかで対談がスタートしたのでした。カーテンに遮られた大きな窓の向こうは、太陽の光で白く輝いていました。

印南　今回、「抗《あらが》う」というテーマについて誰か抗っている人と対談しようという話になったとき、すぐ思いついたのが林くんだったんだよね。前から「和歌山カレー事件 林 長男」名義のX（旧Twitter）も見ていて、強い人だなあと思ってたし。

林　ありがとうございます。

印南　人ごとながら、本当に大変だったろうなと思って。あれだけのことがあったたんだし、ＳＮＳで叩《たた》く人も多かったみたいだからね。

林　でもモノローグ（本書の第1～4章）を拝見して、「印南さんも、ネット上では想像できないような思いをしてきたんだな」と感じました。

印南　そう言ってもらえると救われるな。でも、もちろん体験したことも、親子の関係も全然違うんだけど、抗っているという意味においては林くんと僕はどこか共通しているなと思うんだよね。

林　そうですね。

印南　事件が事件だから、どうしても刺激的な話にばかり焦点が当たりすぎるじゃない。それは仕方ないかもしれないけど、でもその一方、林くん本人にしかわからない悩みもあるはずで。だからここではあえて、そんな状況下での林くんの抗い方に焦点を当てたかったわけです。

林　抗い方……。

印南　うん、自分では意識していなかったかもしれないけれど、林くんはずっと抗ってきたように見えるんだ。強い人だなと思うんだけど、それも抗いによって培われてきたものなんだろうなって。こじつけじゃなくてね。個人的には、「もし林くんと同じ立場に立ったとしたら」って考えると、自分には持ちこたえられないいんじゃないかなと感じてしまうんだよね。

林　家族の犯罪だとかに巻き込まれた結果、うちの姉のように自死という選択をする方もいますからね。僕も、そういうことが頭をよぎったこともあったりはしたんですけど。

印南　ああ、それは当然だろうね。

林　でも、母親自身はやっていないと主張し続けている。なのに自分がそういう選択をしたら……。

印南　矛盾が生まれるし、いろんな意味で悲しいことになってしまう。

林　ですから、ずっと悩みながら、ちょっとずつ答えを出しているという状態です。

印南　でも、そういう感情を理解しないまま叩く人も多いよね。

林　そういうこともあって、基本的に実生活では素性は明かさないんです。なのでいまだに、各メディアに出る際はサングラスとマスク姿です。和歌山で生きていると、「林真須美って知ってる？　昔めちゃくちゃ悪いやつがおったんやで」って話題をふられたりもするんですが、そのたび「へえ、そんな事件があったんですねぇ」とごまかしています。

知らないフリをしたり、素性を隠して生きる＝嘘《うそ》をつきながら生きるとなり中々、人付き合いなんて出来ません嘘から始まる友人関係に距離が縮まる事はなく、壁を感じるとよく言われます「でも本当の事を言うと君は僕から離れるでしょ？　だから嘘をつかせてよ」といった感覚は理解はされないと思います（2023年3月26日のX投稿より）

「素性」とは、家柄や血筋、身分や職業、過去の経歴などを指すことばです。いうまでもなくそれは日常、すなわち日々の積み重ねによって成り立つもの。そう考えると、素性を隠して生きていくことがいかに難しいことであるかがわかるのではないでしょうか。

印南　長女のお姉さんが亡くなったことについても……。

林　自死に至るまでには家庭内に繊細な問題があったわけなんですが、世のメディアは単純にそれをカレー事件と結びつけようとするんですよね。そうやって、「やっぱり犯罪者の家族が自死に至った」とか、「加害者家族とされる人間の生活はこんなに不幸になるんだ」というようなニュースにしていくわけです。すると世間の方々はそれに反応して、「長女がカレー事件で毒を入れた犯人だったから自死したんだ」とか、それぞれが探偵気取りになって。

印南　人ごとだから、事実かを確認することなく、都合のいいように解釈しちゃうんだろうね。けど、当人としてはプライベートもなにもあったものじゃないよね。

林　はい。僕はトラックドライバーの仕事をしているんですけども、仕事が終わって帰っても、20~30人の記者さんたちが家の前にいたり。父親が暮らしている家の近くでも待ってて、「(娘さんを失った)いまの気持ちはどうですか?」と次々にマイクを当ててきたり。

印南　いくらマスコミだからといっても、身内を失った人に「いまの気持ちは」はないよね。ひどい話。

林　お仕事上聞かなければいけない立場ではあると思うんですけれども、それでも初対面で「お姉さんが死んでどうですか？」ってなかなか聞けることじゃない。メディアの方々は、「これが私たちの仕事なんで」「これがジャーナリズムなんで」と口々に言うんですけれども、僕としては抗うという以前に、人間として純粋に嫌なんですよね。ほっといてほしい。でも、そんな思いがあっても容赦なく（取材に）来るので。

補足しておくと、林家の長女である林くんのお姉さんは2021年6月9日、当時4歳だった自身の次女とともに関西国際空港連絡橋から身を投げて世を去りました。その背後にはお姉さんの夫である男性による虐待などさまざまな事情が絡んでおり、つまりは和歌山カレー事件による林家の崩壊と、その後のお姉さんの家族の問題とが複雑に絡み合って行き着いた結果だといえます。

にもかかわらずマスコミは根拠のない報道を繰り返し、いま、林くんがひとりでその対応をしているのです。繰り返しになりますが、話を聞きながら「やはり、もしも自分が林くんの立場に置かれたとしたら、自我を保つ自信がないな」と感じるしかありませんでした。

林　ちなみに明日は○○の取材です。仕事中に電話取材。トラックを運転しながら、イヤフォンをつけて。

印南　仕事中も取材かー。大変だね。

林　週刊誌に、すごく自分に酔った文章を書く人がたまにいるんですよ。「彼は黒いシャツを身にまとい、それが事件の重たさを物語っていた」とか。「そんなふうに思ってたの？　全然そんなこと考えてなかったけどな」って思うんですけど（笑）。

印南　もちろん情景描写が必要な場合もあるけど、さすがにそれは短絡的というか、ちょっとセンスがないかな（笑）。

林　センスがないというか、小説のようなので、ナルシストみたいで。「電話の向こうからハザードランプの音が聞こえて、彼の仕事の忙しさがうかがえる」みたいな。たまたま車停《と》めてるだけなのに(笑)。読んでいてちょっとこそばゆいというか。誇張というか。嘘ではないんですけどね。黒いシャツ着てても。

印南　そういう意味でも大変そうだなあ。

林　だからいままでは、マスコミになにを書かれるかわからないから、なるべくヘコヘコとしてきたんです。けれども、やっぱり姉の死を経験して、気持ちが変わったんですよね。このままマスコミと対峙《たいじ》していると、いつかこっちがつぶれるなと。ですから、そこからはもう、好きに自分の思ったことを発言するようにしています。

印南　マスコミにしても一般人にしても、「必要以上の正義感」って厄介だからね。

林　ちょっと見るに堪えないときがあります。ネット文化のいい側面もあるんですけれども、悪い部分も多くありますね。

姉の報道には触れないのか？　犯罪者の血をもつ人間が○んで平和に近づいた。林眞須美も早く吊《つ》るせ。呪《のろ》われた一族、長男も早く、と。見なければいいのはわかってはいるはずが、うんざりしている。見る方が悪いんだとわかってはいます。ですが 必死に生きてるんだけどなぁ、、（2023年3月17日のX投稿より）

――お姉さんの事件のときに、マスコミが大挙したんですか？

林　来ましたね。メディアの方々ってスピード勝負というか、事件があったら、もうその日の夕方には記事にしたいわけで、噂《うわさ》レベルの話でもどんどん出していくんです。で、ネットの反応がガッと取れたとき、こっちが「この部分は間違いだ」と主張すると、（記事を）1回消して、編集しなおして、また出すとか。

印南　僕も書く仕事をしているわけだけど、そういうことはしないし考えたこともないなあ。だから、同業者としてもすごく恥ずかしい。

林　そういうことがあったので、言いたいこともちゃんと言っていこうと、ありのままを伝えようというふうに変わりましたね、それを機に。

印南　そこからだったのか。それ以前から抗っていたイメージはあったんだけど。

林　より強くなりましたね。

世間が抱く一方的なイメージとの戦い

印南　お母さんは死刑が確定してしまったよね。でも、直接証拠もないのに、状況証拠の積み重ねだけで有罪になったというのは納得できない話だと僕も思っています。２０２３年7月下旬のポストが個人的にはすごく心に残っていてさ。当事者になったら、当然こういう気持ちになるだろうなって。

先日、執行後の話を聞く機会があり色々と教えてもらいました。急に電話連絡が入り、遺体の引き取りや葬儀の手続きの連絡が無機質に入ると教えてもらい、もし、そんな連絡が入ったら職場になんて言おう、、「親が死刑

になったのでお休みを下さい」なんて口が裂けても言えない、マスコミ対応やその後の生活の事を考えると不安になる。やっと安定して暮らせるようになってきた今、仕事が無くなったら、家にマスコミが来たらどうしよう、、人間関係もまた一からやり直しかと思うと正直に恐い、、無理な願いだとはわかってはいるがそんなタイミングがくるのであれば出来れば事前に知りたい　現状の死刑執行の手続きはブラックボックス化されており、いつ執行されるかがわからない日々に対応せざるを得ない現状は死刑囚の家族の宿命なのだろうか　新たな、、や自死、離散を生みかねないこの現状が。（2023年7月21日のX投稿より）

印南　あとさ、ときどきXで本音をこぼしたりするじゃない。普段、林くんのことをすごく強いなと感じているだけになおさら、ああいうメッセージが心に響くんだよね。心の叫びが伝わるというか。たとえば前に、「ニトリの安枕を涙で濡《ぬ》らし……」って書いてたよね。

林　スマホのマリンバに起こされてっていう。

印南　あれが本音だろうなと思って。

> 今日もニトリの安枕を涙で濡らし、明日の朝にはスマホのマリンバに叩き起こされ労働に励む、一体何のために僕は生きているのだろうか、姉が死に、母の死を宣告からは日々に震える毎日、自分の人生に役目なんてあるのだろうか、そんな風に考えてしまう自分に嫌気が差し、床につく毎夜。
>
> （2023年3月1日のX投稿より）

林　本音ですね。AbemaTVだとかメディアに出させてもらったり、（著作『もう逃げない。』の）書評を書いてもらったりして、知名度みたいなのが少し上がったんです。その結果、世間の人たちからは「本も出したし、きっと立派な暮らしをしているんだろう」とか思われたり。全然そんなことはないんですけどね。毎日トラックに朝から乗って、休みの日にこうやって取材を受けたりして、もうヘトヘトになって、帰って寝るだけの生活。

印南 他人はイメージだけで判断したりするからね。僕も子どものころ大怪我して以来、いろんな偏見に直面してきたからわかる。

林 怪我で？

印南 モノローグに書いた、9歳のときの自転車事故。頭をアスファルトの地面に思いっきり打ちつけて20日間も意識不明にだったたと。で、それ以来、「あの子は頭を打ったから終わった」みたいな感じで、周囲の視線がガラッと変わった。ことあるごとに、「あれがあったからね」って、なにがあっても怪我の話に絡めてくるわけで。大げさな話じゃなくて、本当にヒソヒソ話す声が聞こえてくるのが日常だったんだけど、でも、「仕方がないな」と思ってたんだよね。「もし自分じゃなくて、クラスの違う誰かが同じ目に遭ったとしたら、自分だってその子のことをそういう目で見ただろうな」と思ったから。だとすれば、そういうものだと思うしかない。受け入れるしかないと。

林 そうですね。

印南　だから、僕の生き方のベースにあるのは「受け入れる」ということなの。その後、高校2年のときには家が火事になって住む家も大切なものも失ったんだけど、それにしても同じ。燃えちゃった以上は受け入れるしかないじゃん。で、受け入れたうえで、いかに抗うかということが重要だという気がする。

林　受け入れるまでに時間はかかりますけどね。

印南　たしかにね。でも林くんの場合は、僕のレベルじゃないわけじゃん、やっぱり。

林　ひとりで悩めればいいんですけど、全国に発信されてしまうので。家に落書きされたり放火されてしまったことも。ひとりで悩みたいけれども、全国に晒《さら》されてしまうみたいな。

印南　つらいよね。

林　そうですね。タレントさんとかが自死されたときに、マスコミの方がご遺族の家までインターフォンを押しに行って、話を聞いたりしているのをテレビ越しに見ていたりはしたんです。けども、そういうことが自分のような一般人にもあるんだなという。

印南　人は他人であればあるほど、真偽にかかわらず言いたいことを言うものだしね。

林　そうですね。体験してみないとわからないこともありますし。事件を通してこういう経験をできているのは、非常にありがたいんですけど。

印南　そう言えるのがすごいと思う。

林　まあ、できれば経験しなくてもいいんですけどね。

印南　僕はね、大嫌いなことばがふたつあるんだよ。「かわいそう」と、「がんばってください」。当事者からすればそんなの、人に言われなくたってがんばるしかないんだよと（笑）。

林　見やすい視点がいちばん入りやすいということもあって、だから取り上げられがちなんでしょうね。でも、そう言われたくないからがんばって生きてきているのに、また言われるのかという。

印南　僕は「そういうもんだから仕方がないや」と思ってきたんだけど、でも実際、無責任な人のほうが多いよね。

林　僕もメディアの方からは、「つらい、悲しいエピソードをもっとください」ってよく言われます。

印南　そんなこと言うの？

林　やっぱり加害者家族とか犯罪者関係者というところで。

このあたりまで話を進めたあたりで、林くんとの間に流れる空気が少し変わってきたような気がしました。自然に本音を出し合えた結果、腹の探り合いみたいなことをする必要はないとお互いに感じることができたのかもしれません。

矢面に立とうと思った理由

挨拶《あいさつ》をしたころは降り注いでいた日が少しだけ傾きはじめ、そのころには場の空気がさらに和らいでいきました。そしてそんななか、話題はメディアのあり方へ。

印南　自分に対しての反省点も含め、メディアのあり方については思うところが多いんだけど、「対メディア」という点については、世代の問題もあるよね。20代と50代では、特定のことばについての感じ方も違ってくるわけだし。

林　そうなんです。いまではもう使っちゃいけないとされていることばも、かつてはお笑いのネタにされていたようなことがありましたし。60代、70代、うちの親世代も、まだ当たり前のようにそういう（下の世代からすればヒヤヒヤするしかないような）ことを言うんですよ。だから僕も、いまの世代にカレー事件が伝わるように意識して話すようにはしているというか。誤解されたままの状態でネットニュースにされたら、父親に攻撃が行くだけだと思うので。

印南　翻訳が必要だって面倒くさいけど、仕方がないかもね。

林　そうなんですよね。父親は78歳なんですけど、『仁義なき戦い』とか、ああいう時代の人なので。でも、それを聞いてる記者さんは24歳ですよ。そのギャップが、誤解につながるかもしれない。そうでなくとも週刊誌の人とかは「林健治、紀州のドンファンについて語る」とか、わざとおもしろおかしく書いたりするんです。で、そういうことが続いた結果、父親が老人ホームの人から「林さんにここにいられちゃ困る」って言われて、仕方なく老人ホームを転々としたんですよね。それで、「このままだと居場所がなくなるだけだから、担当を変わるわ」と、息子である僕が前に立つことにしたんです。

印南　売るためにそういう書き方をするんだろうけど、さすがに理解できないな。

林　たとえば姉の件に関してネットニュースに、「カレー事件の長女、関西国際空港で飛び降り自殺。父親林健治、娘の旦那《だんな》を殴ってやりたいと語る」って書かれたんです。すると、「お前らが犯罪したからこうなったんだろう」というコメントであふれるんですね。そうなることは誰でも想像できるはずなのに、（メディアは）やっぱり書くんです。

印南　刺激的なヘッドラインで目を引かせて読ませようとしているんだろうね。

林　「ちょっとこれは勘弁してもらえませんか？」って電話すると、「そのコメントを見なきゃいいんですよ、林さん」って言うんです。「目を通すから嫌な気持ちになるんです」って。

印南　あー、「見なきゃいい」っていうのはありがちな、しかし軽薄な反論だ。

林　見なきゃいいじゃないですかと言うけど、「いや、僕が見なくても、老人ホームの職員や、僕の職場の同僚や、友だちが見たりしたら、僕たちも生きにくくなるんで」って。

そのとおりで、当事者との距離が広がるほど、つまり「自分には関係のないこと」として語れる立場であればあるほど、人は無責任になるものかもしれません。その結果、外野の傍観者でしかない人たちは、言いたいことを口にしてしまうことになるのでしょう。

印南　そういえば、いまの職場の人は事件のことを知っているの？

林　バレてはいないんですけども、社長だけ知っている状態です。でも休憩時間にも、子どもがいる人だったら子どもの話をしたりするので、あんまり事件の話題にはならないというか。とはいえ、それでも姉が亡くなった話が報道されたときなどには、事務所でも話題にはなっているんですよね。「死んで当然やろう」みたいに。僕が身内だとは知らないのでね、平気で言ってるんですけど。

印南　それはきついね。

林　「そんな事件があったんですね」とか合わせてごまかしながら。

印南　無関係を装うというのは、すごく疲れることだろうね。

林　飲み会とかの席でも先輩とかは、「俺、昔何人しばいちゃったんやで」とか、けんか自慢みたいな、武勇伝みたいなことを言うわけですよ。でも、うちも伝家の宝刀出したら、ワル自慢でいうたらね、そんなレベルじゃない。まあ出さないですけど（笑）。「こんなとこで出したら場の空気壊れるしな」とか思いながら、グッとこらえて、「かっこいいですね」みたいなことを言いながらやり過ごしてきてたので。

トラックドライバーとして働きながらメディアの対応をしている林くんは、プライベートもなにもない状態。想像してみただけでも大変そうです。

何年かかってでも無罪を主張する

印南 いまの会社は三つ目の職場だっけ？

林 そうですね。そこは高校生のときの友だちの紹介です。もう10年くらい働いていて、休みを使ってイベントに出たりしています。

印南 なかなか大変そうだなあ。休む暇がないだろうし。でも、イベントに出たりすることが励みになっている部分もあるんでしょ？

林 そうですね。イベントには「死刑囚の息子」というくくりで呼ばれたりするんですけど、似たような境遇にいる出演者の方たちとしゃべってみると、みんな元気ではあるんですよね。いくら死刑囚の家族とはいえ。

印南 そりゃそうだよね。ずっと暗い顔して生きていけないもんね。

林 そうですね。でも、みんなそれぞれが、「人前で笑っちゃいけないのかな」というような悩みを持っていて。

印南　つらい人だって、笑うときはあって当然なのに。

林　ただ、僕は関西人なので、小さいころから「笑って乗り越えよう」という文化を通ってきたんです。それが根強くあるので、おもしろい話もしながら乗り越えてますね。つらい、悲しいだけの話題でやるのは、正直苦手なこともあって。

印南　それはそうだよね。

林　母親のところへ面会に行くときもそうで、なんというか、親子の間で、真正面から事件や死刑の話ってもうできないんですよね。だから冗談を交えながら「体調は?」と聞くと、「100（歳）まで生きるよ」とか答えが返ってきたり。

印南　その話は報道もされてたね。でも、それを見てまた誤解する人もいるんだろうなあ。

林　そうですね。実際には、冗談を言いながらじゃないと、本質にたどり着けないということなんですけど。いずれにしても、親子ではあるんですけれども、もう25年も離れているので、ちょっとぎこちないというか。「この質問をしたら嫌がるのかな?」とかっていう探りをずっとやっているような感じですね。

印南　つかず離れずの状態が25年も続いてるんだものね。それにしても、お母さんも強いよね。

林　そうですね。どんなに外で強気な発言をしている人でも、暴力団に所属している人でも、一度拘留を経験するともう心が折れるんですよ。「すみませんでした」って謝ったほうが拘留時間も短くなるし、早く出れるよという交渉もあるので。でも屈しなかったんです、母親は。

印南　やってないという確信があるから。

林　そうなんです。

印南　だから、そこがすごく強いと思う。同じく冤罪で悩まされてきた袴田《はかまだ》事件の袴田巖さんだって、高齢の影響もあるとはいえ近年は意思疎通が難しいようだし。

林　「認めて裁判官の心証もよくしたほうが、謝ったほうが早く出られるよ」っていう部分があるんです。みんな早く出たいし、自由になりたいので、刑期を短くするために謝罪の弁を述べたりしなきゃいけない。しなきゃ自由にはなれないという、そういう条件が課せられているんです。

印南 だからみんな、あとから裁判で覆すんだよね。

林 そうなんですよ。でも、母親は「何年かかってもいいから自分はやってないということを主張する」と言っている。その結果、25年収容されていると。その強さが共感を得ているのか、「なんであんなに強く生きられるんだろう」といって来てくれるお母さん世代の方もいます。

印南 僕もそのひとりです。嘘をついていないからこそ強くいられるんだろうしね。それにもうひとつ、そこに大きな影響を与えているのが夫婦関係だと思うんだ。年齢差があっても、ずっと離れていても、お互いの性格を理解し合って、ガッチリとつながっているのがわかるというか。お父さんも、「眞須美はお金にならないことで人を殺すような性格じゃない」みたいに断言しているじゃない。で、きちんと聞いていくと、そういった発言にはすごく説得力があることがわかるし。

林 父親が、「なんで夫婦でけんかすると思う?」って聞いてきたことがあったんです。で、その答えが「『あんた、今月は小遣い3万円ね』って、そういうことをやるからけんかになるんだ」と。夫婦げんかになりやすい火種は、やっぱりお金の問題なんだと。林家は、もちろん悪いことではあるけれども、（保険金）詐欺で大金を得ていたから、眞須美とはけんかなんかしなかったと。円満だったと。ということは言っていますね。

報道陣にホースで水をかけたシーンが大々的に放送されたりしたこともあり、眞須美さんに関してはよくないイメージのほうが大きかったと思います。僕も当時は、そういった目で見ていた部分がたしかにありました。でも、和歌山カレー事件について調べていけばいくほど、そして林くんの話を聞けば聞くほど、報道では伝わりにくい真実の外形が見えてくるような気にもなったのです。ですから、このお金に対する考え方の話にも強く納得できるものがありました。

僕はもう好きになっちゃってるので

日がさらに暮れかけてきたころ、話は家族について、さらに深いところまで進んでいきました。そしてこのとき、僕は林くんの口から、純粋に素敵だなと感じることばを聞くことになりました。

印南　いずれにせよ、親子、家族の関係ってそう簡単に崩れるものじゃないのかもしれないね。

林　もちろんギクシャクすることもありますし、距離はあるけれども、会いに行ったら行ったで盛り上がるし、面会室で。「あのとき、ああだったよね」というような話になるわけですけど、親子って、家族ってそういうもんじゃないですか。いくら過去に法を犯したからといっても、僕はもう（親のことを）好きになっちゃってるので、嫌いになれって言われてもなれないんですよ。この場についても同じことが言えて、いま同じ空間でこれだけ話が盛り上がってるんだから、その人が次の日に法を犯したとしても「じゃあ嫌いになろう」ということにはならないんですよ。なれないですよ。人間だから。

印南 そうだよね。

林 気を使わなくていいのが家族なんですよ。失礼もしていいし、おならもこけるし、ゲップもできるっていう。これが家族じゃないですか。下品ですけどね。こたつで寝てるのを「風邪ひくよ」って怒ってくれるのも家族なんですよ。

印南 それは家族の本質かもしれないね。

林 誰だって同じというか、たぶん僕と同じ行動をするんじゃないかなと思うんです。だって、切れます？　「法を犯した。もう明日から犯罪者だから俺に関わるな」って、そんなことができる親がいるかっていう。寄り添うんですよ、誰だって。守ろうとするし。世間からなにを言われても、親として責任を取ろうとするじゃないですか、親として。そこをやっぱ一生懸命叩かれてもねというところではある。

印南　そうだね。

林　地上波とか新聞とかは、まるで美談のように「まだ（拘置所にいる親のところへ）会いに行ってる息子」みたいな構図をつくりたがるんです。でも、あんまりつらい悲しいばっかりしゃべっても、「こんな人生だったけどがんばってきたこの子」ってなっちゃうので。お涙頂戴というか。けれども、美談で終わらせるような内容でもない。

印南　人間って、もっと不器用でわかりにくくて、そこがおもしろい生き物だもんね。

林　そうですね。本当のところは人間くささというか、「死刑囚だけど、会いたいから行ってるだけ」だという、ある意味でどうしようもない感情。そういうところなんですよね。

印南　だけど、「僕はもう好きになっちゃってるので」って、すごくいいことばだな。それを聞いただけでも、家族の絆《きずな》の強さを感じる。

林　でも難しさもあるんですよね。

印南　もちろんね。基本的には、他人には伝わらないと思ったほうが気が楽だよね。

俺も子どものころから、そう考えながら生きてきた。悪い意味でみんな違うし、他人のことを否定的に見たがる人も多いから、伝わらなくて当然というか。それをスタートラインにしないとやってらんない部分はあるしね。なんて言ったら身も蓋《ふた》もないんだけど。

林 こうやって理解してくれる人も少ないというか。「被害者がいるのに、なにを言ってるんだ」って。

印南 たしかにそうで、遺族が苦しんでいるのも事実だけど、そもそも「加害者であるかどうかが疑わしい」という、決定的に立証されていない段階にある。なのに、根拠のないまま悪者扱いするのは違うよね。そもそも、叩いてくる人の大半は当事者ではない人なわけだし。

林 そうですね。遺族が言うんだったらわかるんですよ。でも、関係ない人が言ってくるので。

印南 そういう人は相手にしなきゃいいんだけども、とはいえきついもんね。

林 きついです。やっぱりこれを伝えるという、発信するとなると難しいですよね。

ところで横顔を見ながら話をしていて、感じたことがありました。当然のことではあるのですが、顔がお母さんに似ているなと。

林 よく言われますね。鼻が似てるんですよね。太ったらよけい似るので、なるべく太らないように気をつけてます。でも、整形も考えたことがあるんですよ。あまりにも似てる似てるって言われるから。

印南 いや、それはしちゃいけない。

林 この血のつながりが。

印南 親を好きなのに、親のことがそういう悩みにつながってしまうのも事実なのかもしれないけれど。

林 叩かれる要素でもあるんですよね。「お前の代で途絶えさせろ」と言われたり。だから、顔を出さないという。

印南 え？

林　末裔《まつえい》まで林家の血をつなげるなと。

印南　どういう人にそういうことを言われるの?

林　まあネット上では言ってきますよね。

印南　だとしたら僕は反論したいね。事件があったからそういうことを言いたがるんだろうけど、でも結果的にここまで素敵な人に育ってるんだから。

世代感覚と社会

先ほど一度出た世代論にふたたび話題が戻ったとき、和歌山カレー事件とともに10代以降の人生を過ごしてきた林くんの苦悩や、そこから身につけた価値観などが見えてくるような気がしました。

林　カレー事件は25年前なので、当時はいまの日本からしたら考えられないような状況だったじゃないですか。いまの若い子たちは多様性が備わった状態で社会に出ていますけど、昔は暴力団の人が街でうろうろしていたり、「仁義なき戦い」みたいな世界の名残もあったりという。その世代の人たちのなかには、「こいつは死刑囚の子どもだから（きっと悪人だ）」みたいなことを、当たり前に思っている人もいるんです。でも、そういう人に真正面から説明しても、頭に根づいている考え方を変えようがないというか。

印南　さっきも「他人には伝わらないと思ったほうが気が楽だ」って言ったけど、実際のところ、抗う過程において「この人に話しても無駄だな」と感じることはあるよね。もちろんそれは理不尽ではあるんだけど、でも無駄である以上は「言わない」ということも抗い方のひとつかもしれない。

林　なにかきっかけがあれば気づいたりすると思うんですけども、なにもなく歳を重ねると、当たり前のように信じてしまう。たとえば、ネットに韓国のヘイトを書いたりしている50代、60代の方とか。

印南　ネトウヨとか陰謀論を信じちゃったりする人は、むしろその世代が多いと言われているよね。

林　対して20代とか、いまの30代までの若い子たちって、偏見なく韓国旅行に行ったり、ＢＴＳが好きだとかカルチャーにも親しんでいて、それはそれですごく。

印南　いいよね。

林　ただ、僕は36なのでちょっとギャップがあるんですよね。どっちも理解できる世代だというか。

印南　いわゆる「ゆとり世代」よりちょっと上か。

林　そうですね。僕は自分のことを「ゆとり欲しかった世代」と思っていますね。もうちょっと欲しかったなという（笑）。

印南　ああいうことがあると、そう感じるのかもしれないなあ。

林　で、自分自身でいろいろなことを経験してきた結果、事件から25年を経た日本の衰退もちょっと感じるんです。90年代って、オウム事件が95年にあって、98年にカレー事件だったんですけども、国家転覆を目論むオウムとか、保険金詐欺で億の金を手にしようとするうちの両親とか、欲望から大きな犯罪を起こしていたような側面がありましたよね。でも、ここ最近の無差別殺傷事件なんか

印南　は、貧困による心の劣化が原因だったり。
精神的に追い込まれた、ギリギリな感じだよね。逃げ道がないから、いっそ人を巻き込んでやろうというような。

林　精神を病んでしまって、火をつけるだとか。全然質が変わってきていて。

印南　京都アニメーションの事件とか、少し前だと秋葉原の通り魔事件もそうだよね。

林　そうなんです。

印南　そう考えるとなおさら、林くんのつらさを感じずにはいられないよなあ。

林　僕は、言ってしまえば無敵の人なんです。どうせ犯罪者の子だし、お金もそんなにないし、帰る家もないし、きょうだいは死んだし。スイッチが入っていないだけなんです。でも、悩んだ末に「抗おう」と角度を変えられなかった人たちは、やっぱり社会に対してそこのスイッチを入れちゃうんですよね。

印南　「どうせ俺なんてこうだから……」みたいな絶望感というかね。

林　ネットを開けば、またいろいろ書かれていると。見た目に関しても、境遇に関しても、みんな敏感に反応してくる。ちょっとなにかあればスマホを向けられる。そういう時代に生きづらさを感じて、抗うという心を持てない人は、憎しみやエネルギーを社会に向けて、欲を解消できない。だから、そんな思いの果てに犯罪を犯してしまったり。この25年で、そういう変化を日本の社会の変化みたいなのを感じますね。

印南 追い詰められた人たちを救う受け皿がないというか。

林 だから「どうせ俺なんて」ってなるんでしょうけど、僕も正直、その気持ちはちょっと理解はできるんです。行動に移すことは絶対にないんですけど、でも、虐げられてきて、「この鬱屈《うっくつ》したエネルギーをどこかにぶつけないと」みたいな思いを秘めている人たちは、まだ潜んでいると思うんです。たとえば25年前は、片親の子とか、外国籍の子とかもクラスに1人くらいだったじゃないですか。でも、いまはもう片親の人もシングルマザーの人もゴロゴロいてて。昔、問題を抱えた人間とされた存在は施設という場所に隔離されましたが、いまは社会にもうあふれているというか。

印南 そうだね。地域などによって差こそあれ、それが当たり前になっているよね。

林　だんだん多様化も進みつつ、いままでは施設に閉じ込められていたような子が、日常にもう当たり前のようにいる。不良少年、虐待されている子も、みんなクラスのどこかにはいる状況です。

印南　だから新宿のトー横とか、関西でいうとグリ下とか、ああいうところにいる子たちの気持ちも、なんとなくわかる部分はあるんだよね。もちろん向こうからすれば、僕みたいな上の世代に共感してほしくなんかないだろうけど。でも、抗ってきた経験があるから、なんとなくわかるんだ。

林　解消の方法がわからないというか。

印南　そもそもいまは親自身が、自分の問題を解消できていなかったりする。だから、子どもたちがはけ口みたいになっているのかもしれないね。嫌な話だけど。

林　ただ、まだ10代、20代なので。30歳くらいまでになんとかがんばって生きると、だんだん手を差し伸べる人が出てきたりもするので。

印南　あ、それはそうかもしれないね。

抗ってきた対象

これまで触れてきたとおり、僕は僕なりに面倒な人生を歩んできました。ただ、和歌山カレー事件のこと、そして林くんのことを知るにつけ、「自分とは比較にならないな」という思いが強くなってきたことも否定できません。もちろん、〝つらさ〟は比較できるようなものではありませんけれど。しかし、なにか共有できる感覚があったからこそ、林くんは次のように問いかけてくれたのかもしれません。

林 印南さんの抗ってきた対象というのは？

印南 対象は……怪我をしたとき変な目を向けてきた人たちとか、あるいは小さな話だけど、家が火事になったときに集まってきた野次馬なんかもそういう対象になるのかな？　敵対視したいわけではないんだけど、10代のころは、そういう人たちのことを「第三者としての他人」って表現してた。いま思えば青くさいし偉そうだけど、やっぱり人は利害関係のない他人に対して無責任だからね。

林　そうですね。

印南　それを痛感していたから、必要以上に敏感になって抗っていたのかもしれない。あとは、なんだろう？　環境なのかな？　たとえば母親。愛情をかけられていたという実感はあるんだけど、一度もほめられたことがないとか。

林　なるほど。

印南　で、小学4年生のときに怪我があって、明らかに周囲から距離をとられはじめたわけ。そういうことが多かったから、「抗ってきた対象」は、その頃関わっていた人たちだったのかもしれない。そういえば50代になってからも、同級生との飲み会の席で、僕の歩き方を見て「障がい者」とかからかってきたやつがいたな。見てのとおり僕は、怪我の後遺症で歩き方がおかしくて、年齢を重ねるごとにひどくなっているからね。そのときはさすがに、「50代にもなって、ここまで成長してないやつがいるのか」って呆れたけど。そもそも、本当に障がいのある方に失礼だし。

林　当たり前のようにそういう発言をする人もいまだに多いですよね。お笑い芸人がテレビ番組でうちの母親のまねして笑いものにするとか、そういうこともありましたし。

印南　そんなことがあったの？

林　ありました、ありました。そういうのが当たり前だったんですね。僕が施設にいたときも、頭叩いておもしろがったりする子がいましたし。僕も、テレビの芸人さんのまねごとのように、みんなの前でズボンを下ろされたりとか、ニキビができただけで「ヒ素の後遺症だ」とか言われたり。向こうからすれば、ただのイジリなんですよね。そのうち僕も、これはいじめだって気づくんですけど。でも、ヘコヘコしながらおどけて、いじられた芸人さんみたいな態度で返さないと、また叩かれるので。という、そういうところはちょっとありましたね。

被害者と加害者に関する誤解

さて、話に花を咲かせていたら、あっという間に日が暮れました。せっかくなので飲みつつ話を続けようということで、ホテルと同じ駅ビル内にあるレストランバーへ。和んだ雰囲気のなかでお酒が進み、話もどんどん盛り上がっていくのでした。

印南　ここ（和歌山市駅）は大阪から1時間くらいかかるし、都会とはちょっと違った雰囲気だね。すごくいい図書館（和歌山市民図書館）があったり駅のあたりは洗練されてるんだけど、少し離れればのんびりしてるし。

林　そうですね。東京から取材に来られる方も、電車の窓から山が見えたりするので驚かれます。で、「林さん、なんで都会へ出ていこうと思わなかったんですか？　こんな山の見えるようなコミュニティにいれば、それはやっぱり嫌な目に遭いますよ」とかって言われたことがあって。

印南 それは偏見というか、極論じゃないかなあ。それに林くんの場合、和歌山を離れないことにはちゃんと理由があるんでしょ？

林 父親もいますし、和歌山から離れると、（無実だという）母親の主張を矛盾させてしまうことになるんじゃないかと。考えすぎかもわからないですけども、逃げになるというか。「誰もそこまで気にしないと思いますけどね」とかって言われるんですけども。

印南 僕も、そこまで思わなくてもいいんじゃないかとは感じる。だけど、そうはいっても本人にしかわからない思いもきっとあるだろうしね。

林 そうですね。でも（事件の起きた）園部もすぐ近くですし、いまだにこのあたりにいることに驚かれるというか。

印南 でも地元の人は知らないんでしょう？

林 いや、知ってますね。たまにスーパーに行くと園部の人にも会いますね。被害者と加害者って、「憎しみを持って極刑を望みます」というように対立軸を前提として報道されるじゃないですか。でも父親の車椅子を押して買い物してたら、たまたま会った園部の被害者の副会長が、「おう、元気か？」って声をかけてくれたり。田舎ってそんなもんなんですよ。田舎特有の助け合いの文化とか、お互いさまの文化っていうか、そういう優しさもあったりもするんです。

印南 なるほど。報道されていることとは違うから意外でもあるけど、でも納得できるし、そういう関係性は大切なことだね。

林 逆にいえば、同調し合うもの同士なので、一度でも道を外してしまうと、一気に追いやられるというか。それはすごく感じますけどね。田舎特有の古い文化かもわからないですけど、法事になったら、「○○くんの家のあの子は来てないんか」とか、そういうことが問題になったり。

印南 ああ、それはあるかもしれないね。

林 そうですね。集まりみたいなのが重要だとか、結婚してなかったら出世はできないとか、マイホームを買ったらだんだん役職が上がっていくみたいな。そういうの、東京とかでもあるんですかね。

印南 いや、僕は聞いたことがないな。さっきの「怪我をしたら周囲の人の目が変わった」という話とか、昔はそういうこともあったけど、いまはだいぶ人間関係が薄くなった気がする。もちろん昔からいる人たちとも交流はあるけど、もうほとんどはよそから来た新しい住民ばっかりだし。

林　僕は36歳なんですけど、同年代では離婚する人も増えてきてて。「会社にバレたら給料が下がるから、別居はしてるけど籍だけ入れといてよって前の奥さんには言ってる」みたいな。そういう独特の文化があったりはしますね。

印南　そんなことがあるのか。助け合いの文化があったり、しがらみがあったり、一方的な報道だけでは伝わらないものがやっぱりあるんだね。

林　逆に大阪や東京に行くと、もう異世界なんですよね。女の子がストロング缶のお酒飲みながら地べたに座ってるって、和歌山でそんな子はひとりも見たことないというか。普通だったら、おじさんが道端で寝てたりしたら「大丈夫?」って声かけるじゃないですか。なのにみんな素通りしてるから、これが当たり前なのかと。で、上からゴジラがこちらを見てると。なんだこの世界は、と(笑)。六本木とか歩くと、どんな仕事してたらこんな高層マンションに住めるんだろうって、あまりにも異世界というか。同じ日本なんですけどね。

印南　でもね、ものすごい上昇志向を持って地方から来たような人はともかく、地元に根ざした東京の人間って、それほど地方の人と変わらない気もするんだよね。そこに暮らすことは日常でしかないから、別に「絶対にここ（東京）で成り上がるぜ！」とかも思わないし。もちろん人それぞれだけどね。

林　僕も実際、住み心地はいいんですよ。なんにもないから住みやすいという。なんにもないですよ。もう夜7時を超えたら誰も歩いていないですし。過疎ですね。家にさえ入ってしまえば誰にも会わないという。

印南　だとすると、そこにも報道の仕方に歪みがあるよね。あたかも荒《すさ》んだ地域みたいな報道ばかりじゃない。

林　そうですね。記者さんも東京や大阪から来るんですけど、その違いを誰もつかめていないというか。田舎の人と東京の人と、同じ日本でもかなりの大きな差があったりして。

印南　でも僕もずっと東京だけど、そもそも東京は地元だから、その感覚はちょっとわかるな。ロケーションが違うだけの話で、地元がいちばん楽だという点は変わらないというか。

林　封鎖された空間ではある。

印南　とくに最近は、より出不精になったというか。ましてや家で仕事してるから、本当に近所だけで事足りちゃっている部分があって。そう考えると、あんまり変わらないなとも思うかな。

死刑は是か否か

印南　ところで、林くんの活動で重要なもののひとつが、さっきも話に出たSNSだよね。僕も毎日チェックしてるんだけど。あれを見ることによってカレー事件の真相を知った人もいるはずで、だから大きな意味があると思う。

林　たとえば音楽を通してとか、いろいろな抗い方ってあると思うんです。小さな会社のなかで抗っている人もいるだろうし。僕の場合は、あの事件が大きく報道されたせいもあって、この抗いを目に留めていただけたというだけのこと。でも、社会のなかではいろいろな小さな抗い、上司との闘いだとか、奥さんとの闘いだとかって、それぞれの人がいろいろな思いを抱えていると思うんです。そのひとつとして、目に留めていただいたっていう感じです。

印南　たしかに抗っている人という部分で共感できている人もいるんだろうね。それに、あれを見ることによってカレー事件の真相を知った人もいるはずで、だからいろいろな意味があると感じる。

林　発信しはじめて5年くらいなんですけど、まだ99パーセントの人が（事件について）知らないような状況で。

印南　えっ、そうなの？

林　「自白なかったたっけ？」とか、「あれ？　腹立ってカレーに毒入れたことが動機じゃなかったっけ？」みたいな。そういうイメージで止まっている人が多いんです。でも報道されていないだけで、それはもう裁判のなかで全部否定されている。それが伝わっていないんです。そうでなくても最近は、大きな事件が起こったら、そのときだけワッと話題にするんだけど、1週間くらいでみんな忘れていく。だから、報道のスピード感もすごく速くなっている。

印南 冤罪だと気づきはじめている人は、確実に増えてきてる気がするんだけどね。

林 実際のところどうなんですかね。

印南 僕はそう感じているし、だいいち、いまこの状況でもし本当に死刑になったりしたら、かなりの大騒ぎになる。冤罪の可能性のほうが大きいんだから、そう簡単に死刑にはできないんじゃないかな。

林 死刑制度に関してそれぞれ考えはあるにしても、日本では首にロープをかけて、首の骨をへし折って殺すというやり方ですよね。そのことがヨーロッパのほうで報道されて、「日本にはまだ侍がいるのか」とみんな首を傾《かし》げたと聞いたことがあります。宗教的な問題もあって、人が人を殺すということ自体が考えられないらしいんです。「向こうでは現行犯を射殺するじゃないか。それと一緒だろう」というふうに反論されがちなんですけど、日本の死刑って時間を要する。すぐ死刑にはならないので、同列で語るのは絶対におかしなことで、そこに関してもたくさん質問をいただいたりはします。

印南　時間がかかるぶん、真綿で首を絞めるような感じではあるもんね。

林　そうですね。これは誤解を受けやすい話かもしれませんけど、たとえば京都アニメーションの事件。青葉被告は高額の治療を受けて車椅子で初公判に来ましたけど、普通に考えたら死刑になりますよね。それはわかるんですけど、ただ、法廷画家が描いた絵を見たとき、やけどだらけの車椅子姿の人間にロープをかけて首を吊ると想像したら、「これ正しいのかな?」って一瞬考えちゃったんです。その、一瞬抱いたモヤモヤを、死刑廃止論の人たちは主張しているんだなと、ちょっと理解ができてしまったというか。

印南　僕は20代のころ、基本的には死刑賛成派だったんだ。ただ、それはやはり人ごとだという意識がどこかにあったからなんじゃないかと思う。でも、それから長い時を経て、林くんのお母さんのこととか、それから袴田事件なんかについて考えていくうちに考え方が変わり始めたんだよね。正直なところ、青葉容疑者を死刑にするなと主張する気にはなれないんだけど、少なくとも林くんのお母さんや袴田さんのように冤罪の可能性がある人もいるんだから、さすがに「悪いやつは全員死刑にしろ」みたいな極論はさすがにまずいといまでは思っている。

林 一時期、「なんか残酷だな」という思いが頭をよぎったんです。「これが、死刑のない国の方々が主張している考えなのかな」と、若干理解できたといいますか。ただ、僕も廃止論者ではないんです。もしも母親がこの先、「自分がやりました」と言いはじめたとしたら、そのときは、取り返しのつかないことをやったということを認めなければいけないので。

印南 林くんは、そうやって客観的に考えられることが立派だなと思うよ。

林 それを言うと、「自分の親が殺されるのに、この息子はよく死刑制度賛成なんて言えるな」っていう意見が反対論者の方から来るんです。

印南 短絡的すぎる。

林 もし自分の親がやってたとしたら、それはたくさんの人の人生に影響を与えたことになるじゃないですか。だから、そのときには認めなくちゃいけない。本当に怖いですけどね、正直いうと。でも、それは受け入れなきゃいけないなと思ってたんです。でも、どこかでそう発言したりすると、「いやいや、親が殺されるんですよ。反対だと思うのが普通でしょう。日本で生きてきて、あなたにはそういう感覚もなかったんですね」と言われたり。そのときには、「自分が間違ってるのかな」とも感じましたけど。

印南　冷静な林くんと感情論で攻めてくる人たちが噛み合わないのは当然だよね。でも、その客観性に僕は共感できる。そこまで追い詰められながら生きているのに、よくそこまで考えられるなって、すごいなと思う。

クレバーな抗い方

90年代のR&Bが流れる心地よい店内で食事をしながらビールを飲み、ワインを開けていたとき、林くんが店の入り口のほうを見ながら笑顔で「おう」と片手を上げました。視線の先には、彼と同世代の男女数人。どうやら知り合いのようで、さっき聞いたばかりの「地元特有の関係性」の一端を見た気がしました。
そんななかで、まだ話は続きます。

林　いまの子たちはなにかと「毒親だ」とか、「親ガチャ外れだ」とか口にしますけど、僕、それが一切ないんです。親から離れたので、バイアスがかからないというか。だから、客観的に見ているというよりかは、距離があるということなのかもしれません、親と子の間に。

印南　とはいえ、やっぱりフラットだと思うよ。でないと、さっきの「もう好きになっちゃってるので」という発言は出てこないはずだし。

林　この問題については、ふたつ答えるようにしているんです。「わがままを言わせてもらえるんだったら、死んでほしくはない。だけれども、社会の一員として考えたときには、また違った考え方をせざるを得ない」と。

印南　真っ当な意見だよね。

林　でも、テレビ局の方からはカメラを向けられて、「じゃあ、結局どっちなんですか？　どっちの感情をもっと前に出したいですか？　もっと主張をください。じゃないと届きませんよ」と言われたりするんです。

印南　おかしいよね、そういう問題じゃないのにね。

林　「ああ、そうか。だから優柔不断なのか」とか、悩んでしまいますね。やっぱり、強い主張のほうが世間に声が通りやすいのかもしれないなって。

印南　たしかに声が大きい人のほうが支持されやすいかもしれないけど、だからといってそれが正しいとは限らないし。大きい声が正しくて、小さな声は無視していいみたいな風潮は違うと思う。

林　でも、反発も怖いんですよね。「くたばれ」「お前も死ね」「お前も死刑になれ」って（クレームが）来たときに、僕はそれに抗えなくて。会社が終わって、「あ、疲れた」と携帯電話を開いてXを見たときそういうメッセージが届いてたりすると、もう精神的に参っちゃって。「なんとでも言えよ」って、そういうことがへっちゃらな人もいるんですよ。でも、僕にその強さはなかったです。それが怖くて、強い主張はちょっとできてないというか。

印南　そりゃそうだろうね。

林　表現するにしても、ことば選びにしても、ものすごく難しいというか。揚げ足をとる人もいますし。だから発信するときには、「自分が自分のアンチだったら、自分のことをどう書くだろう？」というところからスタートするように心がけているんです。「こう書いたら、『死刑囚の息子のくせに、なに言ってるんだ』って書かれるだろうから、過度に偉そうにならないようにしよう」とか。

印南　そこまで考えなくちゃならないのはつらいけど、でも、それもクレバーな抗い方ではあるよね。

林　著名人にも、ＳＮＳでバーンと大きな発言をされる方がいるじゃないですか。「バカだ」とか暴言が並んでて、それが「３０００いいね」になったりとか。ああいうのは、なにを目的にやってるんだろうなと。僕は、なんでも言える性格ではないですね。

印南　それは僕も一緒。変な言い方だけど、穏やかに静かに生きていきたい。

林　そうですね、できるだけ。でも、正反対のことをやっているんですよ、僕。

印南　でも、それは穏やかに生きるために必要なことなんじゃないかな？　それがなかったら、もう逃げるだけになっちゃうし。

林　平和に普通に暮らしたいはずなんだけれども、この事件を早く終わらせなきゃそれができないという、そんな狭間《はざま》にいるんです。

印南　そうだよね。穏やかに生きるためには抗わなくちゃいけないんだからね。

林　僕たちはロボットではないから、やっぱり人から「死ね」と言われれば悲しい。まるでＡＩのようにゼロヒャクで、スイッチを押したらゼロに戻ってヒャクになるというような考えで物事を走らせている方が多いんですけれども、これはＡＩに再現はできない、本当に細かな感情だと思うんです。壊れるものも持っているし。

印南　当然だよね。

林　「名前を変えて籍も抜いちゃえば、犯罪者の家族というレッテルから離れられるじゃないですか。なのに、なんでそうしないの？」みたいなことを言われるんですが、いや、そこに至るまでに紆余《うよ》曲折《きょくせつ》があるんですよと。

印南　物事にはいろいろな側面があって、いろいろなことが重なり合っているのに、表層しか見てないんだね。

林　そうなんですよね。でも他者から見たらやっぱりそう。

印南　その自分の無責任な発言がどれだけ相手を傷つけるかということを、普通は考えられると思うんだけどな。どんどん押し寄せてくる情報にのまれて、それができなくなっているだけで。

林　「見なきゃいいんですよ、ネットニュースのコメントなんて」っていうような記者さんのコメントも、だんだん、いろんな人に伝染していっているというか。

印南　「自分だったらどう感じるだろう?」と考えることはとても大切なんだけど、逆に言えば、それを考えられないというのはすごく恐ろしいことだよね。

林　そうですね。過度に入り込まれても嫌なんですけども、そこまでわかりやすいことでもないと。

印南　そうだね。もちろん生きていくうえで抗うことは絶対に必要なんだけども、そういう無駄なことで抗う必要はないという部分はあるよね。

対話を通じて消えていく「悪意」

林　本（『もう逃げない。』）を出してから、いろいろな取材を受けたり、一般の方とイベントで会う機会が増えて、気づいたことがあったんです。（それまでは）人に目を向けられるのが嫌で、あまり表舞台には出なかったんですけど、いざ話をしてみると、人って意外と、こっちが考えているほど偏見の目で見てこないし、こっちが考えすぎてたのかなと思ったりもして。

印南　そういう場に来てくれるのは、客観的な目を持った好意的な人だろうしね。なーんていう考え方は素直じゃないのかもしれないけど、でも、やっぱり人って実際に顔を合わせるとわかり合えたりするものではあるよね。

林　そうですね。たとえば、さっき死刑制度についての考え方で、印南さんと僕との間には一瞬小さな乖離《かいり》があったじゃないですか。結果的には理解し合えたわけですが、ネット上で誰かと同じ議論をやったら、名前も明かさない状態で大げんかになったりすることもある。でも、やっぱり顔を合わせて、「君とはちょっと違うけど、僕はこう思うね」とか、「そうですね、その考えもありますよね」と対話を通じて意見交換をして、初めて意思の疎通ができる。それが適切な議論であって、やっぱりそういう意味でネットの空間というのは議論の場ではないというか。

印南 そうだね。誰しも、無意識のうちに表現が過激になっていたりするものだしね。

林 そうです。お酒の影響もあるでしょうし、たとえばこの対談が終わった直後に興奮状態で書くのと、リラックスして書くのとじゃ全然違いますしね。

印南 メールなんかもそうなんだよね。仕事のメールなのに、やたらと角が立つ書き方をしてくる人がいたり。僕も実際、誰かに書いたメールをあとから見なおして、「こりゃまずい」とドキッとしたことがあるしな（笑）。

林 向こうに悪意はなかったりもするんですよね。善《よ》し悪《あ》しというか。しゃべるのはみんな好きなんですよね、意外と。しゃべっていたら気が楽になったとか。

印南 そうなんだよねー。いまの時代、しゃべる機会って意外と限られているじゃない。だけど、そういう機会は持ったほうがいいよね。ＺＯＯＭのようなツールも便利だけど、実際に対面して話すことはやはり必要だなと思う。

林　こういう対談だったら別ですけど、僕はこの社会でずっと素性を隠してたんです、「親を交通事故で亡くして、もういないんですよ」とか嘘をついて。「実家どこなん？」と聞かれてもごまかしたり、日常会話で嘘をついて過ごしてきたので、距離が埋まらないというか。

事件があれだけ大きく（しかも歪んだかたちで）報道されたのですから、素性を隠したくなるのも仕方がないことだと思います。でも、それがいかにつらいことであるかについては、僕たちもそれぞれの立場で考えてみるべきではないかと思います。

強気の発言をするタイミング

――林さんのことを全部知っていて、なんでも話せる相手とかっているんですか？

林　きょう、そういう相手ができた感じですかね。

印南　それはうれしい。

林　なかなかやっぱり話せないですからね。

印南　話せないよね。事件のインパクトが大きいし、なにかと誤解を受けやすいしね。たとえば少し前にも知り合いに、「和歌山カレー事件ってあったよね」って話をしてみたときにも、「あの人はもう死刑が決まったんですよね」って、それしか知らなかった。残念だけど、一般的にはそんな認識しかないものなのかもしれないなと思ってさ。僕は冤罪の可能性が高いことをわかっているし、そう気づいている人も増えている。だけどそれでも、そうじゃない人も当然いるわけで、やっぱりこれは難しい問題だなと思った。

林　興味がそこに向かないというか。報道関係の人からも、「林さんって日曜日の朝起きて、ＡＫＢのコンサートに行こうって思ったことありますか？」とか聞かれたりするんですけど、ないですって。興味がないですって。

印南　そりゃまた意味のないことを聞いてくるねえ（笑）。

林　それと一緒なんです。ＡＫＢを好きな人はカレー事件の報道を見ないし、カレー事件ばっかりを追っている人はＡＫＢのことをあまり考えないかもしれないし。だから、そういうことが全部網羅されたのが（カレー事件のあった）１９９８年なんです。あの年、半年にわたって毎日報道されたことによって、母たちはすごく印象に残る存在になってしまった。でも、だんだん時が経ってニュースもなくなって、また興味の分散が始まっていって。

印南　今後また時間が経つと、さらにそうなっていくだろうね。それは仕方のないことでもあるけど、だからこそ広めていかないといけない。

林　そうですね。国はこの事件の結末をどう捉えているのかというところですね。もし執行してしまうと、これはちょっと危ないというか。

印南　そうだね。大問題になるだろうね。かといって、冤罪が認められて釈放されたとしたら、それはそれで大騒ぎになる。

林　だから、司法のほうも頭を抱えている事件なのかなと思います。いままでは「獄中死待ち」みたいな時間があったんですね。少し前にも、死刑囚の方が寿命で亡くなっているんです。死刑制度がある国で、執行しないまま寿命で死なせるというのは、死刑制度を否定してしまっているというか。

印南 たしかに。矛盾が生じるよね。

林 もし寿命で母親が亡くなるようなことがあったなら、そのとき僕は、この国と林家の勝負は実質的に林家の勝ちだと言おうと考えたりはしています。

印南 そういうことになるものね。

林 死刑制度がある国で、死刑宣告をしながら寿命で死なせるというのは、制度の否定に当たるんじゃないかなと。だから、そのときには初めて強気の発言をしようかなとは思っています。できないんだったら制度を変えるべきだとか、それこそ廃止論の人の意見も聞いて、もっと改善していかなきゃいけないと。あるんだったらしなきゃいけないし、できないんだったら保釈しなきゃいけない。

印南 わかりやすい選択でしかないんですけど、そこを放置してしまっているので。だからこそ、より多くの人に伝えなくちゃいけないしね。

林 臭いものにふたをするというか、触れないようにしているんですよね、いま。

――林さんのなかでは、この事件を風化させないということもひとつの抗いではあるんですか？

林　まあそうですね。僕が外で発信し続けたら、火をつけ続けたら、執行はされないんじゃないかとかは考えていて、だから風化はさせたくないという気持ちがあります。

印南　Xのアカウントを「和歌山カレー事件林長男」にしているのも、そういう理由があるからなんだね。

林　そうですね。

家族が好きなんです

和歌山カレー事件が報道されるなかでは、林くんのご両親の強烈なキャラクターが必要以上に強調されていたように思います。たしかにクセの強さは際立っていましたし、過去に保険金詐欺をしたことは事実なのですから、仕方がないのかもしれません。しかし、外側から眺めているだけの僕たちには、報道されていたことすべてを鵜呑《うの》みにせず、いろいろな角度から考えてみる姿勢が必要なのではないでしょうか？

事実、林くんのことばからは、報道の内容とはまた違うご両親の姿が見えてきたのでした。それは、先ほど登場した「僕はもう好きになっちゃってるので」ということばの裏づけとなって余りあるものでもありました。

印南　ところで「抗う」という意味で、共感できた人、インスパイアされた人って誰？

林　うちの親父かな。とか、お母ちゃんかな。悪いことはしてても、人間らしさがすごく残ってるというか。犯罪者でもいい部分もあるというか。そういう意味で、もうまともに抗ってるのはうちの親なんです。真正面から。

印南　人って矛盾があるものだしね。

林　そうなんです。こんなこと言ったら炎上するかもしれないですけど、結局好きなんですよ、家族って。虐待でもされてたら嫌いになるんでしょうけど。

印南 はたから見てるとさ、明らかに普通ではない家族なわけですよ、お金の使い方とかね。ただし、それは外側から見える部分の話であって、家族としてはすごく仲がいいいんだなとは感じていた。

林 そうなんですよね。家族好きですよ、やっぱり。娘さんがもし犯罪したら縁を切れますか？

印南 いや、切らないでしょ。もしそうなったとしたら、それは受け入れる努力をすると思う。説教したりするのじゃなくて、「なぜ、そうなったのか」ということを理解しようとすると思う。自分の子どもでも理解できない部分があって当然だし、だとしたら親がそれを少しでも理解しようと努めるべきだと思うからね。

林 そうですね。だから、トラブルになって初めてその人たちの対応力みたいなのが問われる。でも、もし娘さんが変な男を連れてきたら嫌でしょう、やっぱり。もし死刑囚の子どもを連れてきた場合、印南さんからしたら、「大事に大事に育ててきたのに」という、いろいろな思いがあるわけじゃないですか。

印南 それは考えたことがあるんだけど、でも、どんな相手であっても同じなんじゃないかな？　たとえば連れてきた相手が超エリートだったとしても、「エリートだから大丈夫」というわけにはいかない。その男がＤＶをする可能性だってあるわけだからね。逆にすごく貧乏で不幸な境遇にあるんだけど、まじめにがんばってるやつが、彼女にとって最良の相手だというケースもある。死刑囚の子どもを連れてきたという場合も同じで、重要なのは「その本人が人間的にどういう人なのか」だけだと思うんだよね。その点をクリアできて、しかもお互いに幸せでいられそうなら、それは親として応援するべきだし。逆に、明らかに「こいつは駄目だ」と思うような相手だったら反対するし。

林 そこに世代の価値観の違いが出てくるわけで、やっぱり60代のお父さんと娘さんの価値観って全然違うから、そこをどう解釈して、咀嚼《そしゃく》して、受け入れるかみたいな問題があるんじゃないですかね。

印南 それはあんまり関係ないと思ってて、突き詰めれば世代じゃないと感じるんだよね。人として受け入れられる尺度の問題であって。そこには嗅覚《きゅうかく》も影響するのかな？　すごい年収のあるエリートだったとしても、人間的に駄目だと思ったら反対するっていうのはそういう意味。でも、「俺、本当に駄目なんですけどがんばってます」という子だったら、純粋に応援したくなるじゃない。

林　人間力。人間味の部分、味の部分ですね。

印南　林くんも同じで、たしかに結婚に積極的になれない時期もあっただろうけど、でもこの先、可能性がないとはいえない。目の前にして言うのもなんだけど、魅力的な人だしさ。

林　だけども僕の場合は過去に、結婚を意識した相手の家に「娘さんをください」と言いに行ったとき、「交通事故で両親を亡くしました」と嘘を挟んでしまった。向こうの両親は、そこがどうしても受け入れられなかったみたいです。

印南　難しい問題だね。むしろ僕はそこに誠意を感じるけど、それは人ごとだからなのかな。

林　嘘をついていたことがバレたとき、どうしようもない空気になるんですよ。もう、ため息しか出ないというか。

印南 でも、もし僕がそのお父さんの立場だったらって考えたときに……いや、わからないな。下手なことは言えない。もしかしたら僕だって断るのかもしれないけど、その前の段階として、理解しようと努力すると思うけどね。そのお父さんも努力はしたんだろうし。

林 僕はそうやって断られたときに、その相手方のお父さんの反応を差別だとは思わなかったんですよ。それは当然だと受け入れたんですよね。

印南 それは正しい判断だと思う。

施設の真実の姿

じつは話がここに至るまでのプロセスのなかで、たびたび話が音楽の方向に脱線しました。林くんと僕は25歳も歳が離れているけれど、好きな音楽やミュージシャンなどにとても共通点が多かったからです。僕はジャンルを分け隔てせずにいろいろな音楽を聴くタイプなのですが、それは林くんも同じ。そのため、出てくるアーティスト名もラモーンズ、忌野清志郎、ザ・クロマニヨンズ、先ごろ早逝されたチバユウスケ、和歌山出身のメンバーがいるザ・ニートビーツ、国内ヒップホップのJin Doggや舐《なめ》達麻《だるま》、果てはクラシック・ピアニストのグレン・グールドまで、多種多様なアーティストについて語り合うことができたのでした。

林　結局つらいとき、悲しいときは、ヘッドフォンでクラシック聴いて寝るしかないんです。ひとりの世界に入って。それが心を落ち着かせるというか。

このことばには、いろいろ考えさせられるものがあったな。

——林さん、音楽に詳しいですね。いろいろな世代の。

林　施設にいたとき、先輩たちが聴いてきたのを教えてもらってるので。やっぱり古い音楽が好きですね。

印南　なるほど。施設でもそういうことがあったのか。

林　そうですそうです。

印南　『もう逃げない。』を読むと、施設のころって悲惨な話ばかりだったかのように感じてしまうけど、実際はそういうことでもないんだね。まあ、普通に考えればその方が自然だよね。

林　はい。実際はそうじゃないですね。施設のなかでダフト・パンクを聴いてみんなで踊ったり。

印南　へー、それは意外。というか、すごく興味深い話だ。どうしてそういうことになったの？

林　あのときはセックス・ピストルズのCDが欲しかったので、和歌山のHMVというCDショップに行ったんです。お小遣いを握りしめて。

印南　ひとりで？

林　そうです。先輩たちに、セックス・ピストルズのことを教えてもらったので聴いてみたくて。でも中学1年だったので、セックスということばが、表現が恥ずかしくて、店員さんに聞けないんですよね（笑）。で、なぜかパンクのコーナーにあったダフト・パンクをレジに持って行って、買って帰ったんです（注：ダフト・パンクはパンク・バンドではなく、ダンス・ミュージックのユニット）。で、わけもわからず聴いてみて、「なんだこの音楽は？」と、施設のみんなで盛り上がったと。

印南　みんなも盛り上がってた？

林　「なんだこれ？」と言いながら踊ってました。

印南　もちろん、本に書いてあるようないじめっぽいこともあったんだろうけど、それだけじゃないわけだね。実際の施設の雰囲気はどんな感じだったの？

林　もちろん暴力でエネルギーを発散する子もいましたけど、音楽とかラジオとか、エンターテインメントに触れて発散したりする子もいて。そんななか、僕はちょっとエンタメ寄りの子たちと仲よくなったんです。

印南　生きていけないほど毎日がつらいとか、そういう感じではなかった？

林　だんだんましになっていったというような感じですね。入ったときはもう日常的にいじめがずっと続いてたんですけれども、半年、一年と経っていくなかで、だんだんなじんできて。で、そういう楽しい一面もあったり。

印南 そりゃまあ、そういうもんだろうね。

林 テレビやYouTubeを見て「大変でしたね」と言ってくれる人が多いんですけれども、毎日毎日悩んでいたわけじゃない。そんなもんじゃないですか。いまだってそう。相変わらずつらいことも多いですけど、その一方で、きょうみたいな楽しいこういう時間、印南さんと食事したりという日もあるわけで。

印南 当たり前だけど、つらい思いをした人だって笑うことはあって当然だし、それこそが日常なんだからね。だから、そういうところにもきちんと焦点を当てないと、ただ悲劇の人になっちゃうよね。

林 Xとかで「なにを被害者ぶっているんだ」という意見が飛んでくるのは、そのせいもあると思います。

印南 だとすれば実際には、施設のなかにも「この人は信用できるな」みたいな先輩とかが出てきたりしたわけだね？

林　そうですね。だんだん施設内でもコミュニティができてきて、そのなかで仲よくなって。いまでもおつきあいのある人もいますし。

印南　それはいい話だね。

林　疎遠になる人もいれば、社会に出て法を犯す人も少なからずいましたけど。

印南　でも、それは林くんのいた施設に限らず、どんな環境であっても同じだよね。いろんな人がいて当然。

林　そうですね。実際にはいろんな人がいて、そのなかで起きた一部分をクローズアップされてしまっているだけで。

印南　だとすれば残念ながら、好意的な取材者が少なかったということなんだろうね。

林　それもあるかもわからないですね。建前だけ。まあでも法規制が入ってからは、ネットの誹謗《ひぼう》中傷もかなり減りましたね。たしか2年前の6月くらいにネットの誹謗中傷の法規制が入って、見なおしがあったりして（注：２０２２年10月にプロバイダ責任制限法が改正され、インターネット上の誹謗中傷などによる権利侵害について、発信者情報開示について新たな裁判手続を創設するなどの見なおしがなされた）。

印南　なるほど、制度が変わったことは大きいね。それに、事件の報道が盛り上がっていたころにくらべてヒステリックになる人が減ったということもあるのかな。

林　それはあると思いますね。30代以下の、（事件のことは）両親から聞いたという世代もちょっと出てきていたりしますし。

印南　2024年で26年になるんだもんね。

林　そうですね。

「報道用の〝よそいきトーク〟を用意してきたんです」

林　印南さん、すごいですね。

印南　なんで？

林　しゃべりの幅がすごい。しゃべりと脳みそのなかがおもしろい。

印南　全然だよ。この歳になっても、いまだにダメダメだと思ってる。でも、ひとつ言えるのはね、謙虚さが大切なのではないかということ。言うほどどうまくいかないし、なかなか難しいんだけどね。わかると思うんだけど。

林　わかります。でも謙虚にしていると、その謙虚さにつけ入ってくる人もなかにはいるんですよ。もう容赦なく来るので、断るところはちゃんと断らなくてはいけない。ですから姉の（自死の）件以降は、我慢だけしてればいいんだという考え方は変えましたね。思ったことはきちんと言おうと。

印南　我慢と謙虚さは違うしね。

林　そうですね。でも、ここまで話が合うのはやっぱり不思議ですよね、ちょっと。

印南　たぶん嗅覚じゃない？

林　初対面ですけど、こんな距離が埋まったこと初めてです。この距離の埋まり方はなかなかないです。

印南　もしかしたら、お互い体験は違うけども、つらい思いをしてきた、そして抗い続けてきたということが関係してるのかもしれない。わからないけどね。でも、まったく違和感ないんだよね。

林　ことばで表現するのは難しいんですけど、共鳴してるんですよね。なんか感じましたよ。なんだろうな、これは。

——客観的に見た感想を言っていいですか。おふたりに共通してるのは、嘘がないんですよ。たぶん、そこも大きいかなと思います。

印南 逆にいうと、嘘をついたり、気を使う必要がないんだよね。

林 僕は（印南さんのほうが）年上だから気を使わなきゃいけないんだけど、気を使わず全部しゃべってる。

印南 俺はそのほうが楽だから。

林 不思議ですね、なんか。この1～3年ほどは、Xで「いいね」を押し合うだけの関係だったんです。でも、会ったほうが話は早かった（笑）。

印南 だから会いたかったんだよ。

林 たとえば明日酒が抜けて、腕組んで、1回冷静になって、この時間のことを振り返ってみたときに、「不思議な時間だったな」って感じると思うんです。お互いにそれをするじゃないですか、明日の昼くらいに。いい対談だったと僕は感じてます。めちゃくちゃいい議論ができたし、1回対立する意見が出たとき

印南 にも、ちゃんと意見交換できたし。

林 対立というのは意見の交換の場だと思ってるからなあ。

印南 あの瞬間、印南さんも僕のことを否定しなかった。

林 するわけないじゃん。

印南 でも60代と30代なんですから、普通だったらですよ、「君、それは違うよ、こうだよ」ってなるじゃないですか。

林 それはたぶんね、僕の世代感覚。僕は上の人たちから、いろいろなことを否定され、強制されてきたんだよね。いちいち、「こうしなくちゃいけない」とか断定されたの。音楽にしても、「それを聴くんだったら、まずこっちを聴いてからじゃないとダメだ」とかさ。「ダメかどうかを決めるのは俺だよ」と思ってたけど、そういうところを通ってきたから、年上だというだけで闇雲に否定するのはよそうと思ってるんだよ。つい説教したくなっちゃうこともあるから、決して完璧《かんぺき》じゃないんだけど。

印南 そこにも抗ってるんですよ。珍しいタイプの60代ですよね。

印南　そうかな？　自分では俺って普通すぎてつまんないやつだなと思うけどね。

林　いい話し合いができてるんですよ。自画自賛じゃないですけど。すごく、思ってたのとは、想像と全然違いましたね。

印南　まさかこんなにいい話ができるとは。

林　ざっくばらんで気さくというか、枠にとらわれずしゃべっている感じ、お互いに。

印南　そうね。

林　正直いうと、ガチガチの報道用の〝よそいきトーク〟を用意してきたんですよ。つらかったです、悲しかったです、加害者家族はこうですって。

印南　それだけ、そういう答えを求めるマスコミが多かったんだろうね。でも僕はそれを望んでないし、とにかく〝人〟に興味があるのよ。それは相手が林くんでも同じだし。だって、結局は〝人対人〟じゃん。

林　初めてです、この経験は。（いままでは）上っ面の会話だけして、食事を終わらせて、「お疲れさまです」。作業ですよ、もう。ベルトコンベアに乗せられた取材対象者がビャーッと記事にされて、「はい次」「はい次」という感じ。それに慣れすぎてたので、きょうもその意識で来たんですよ。

印南　でも、きちんとした本をつくるためにも、それではダメだと思ってるんでね。

林　人間味、味の部分を出すというか。

印南　そうそう。

「きょう、これからバイトなんです」

林　僕、きょう20時半からアルバイトなんです、夜。クラブで毎週土日働いてるんですよ。これ、まだ全然世間には言ったことないんですけど。

話がどんどん盛り上がっていくなか、林くんが意外なことを口にしました。ちなみに当然ながら、ここでいうクラブとは着飾ったお姉さんが待っているようなあっちのクラブではなく、ＤＪが音楽を流しているほう。それは非常に興味があるのでお邪魔することにしたのですが、とはいえ狭い世界ですし、和歌山のクラブでバイトしてるなどと書いてしまうと素性がバレてしまうのでは？

林 まあクラブ、（和歌山にも）けっこう10軒くらいあるんで。

印南 え、そんなにあるの？

林 そうですね。だからまあ、大丈夫っちゃ大丈夫です。

印南 でもそれは、トラックの仕事だけでは食べていけないってこと？

林 いえ、紹介されてやるようになったんです。クラブの現場が好きで行ったりしていたとき、お店のオーナーから誘われて。

印南 事件のことは？

林 オーナーだけが知ってます。初めて打ち明けたんですよ。

印南 なんで知り合ったの？

林 飲みに行った先でたまたま横に座ってて、それで話しかけられて、音楽の話で盛り上がって。初対面って、素性の探り合いするじゃないですか。そういうなかで、「この人にだったら嘘つかないでいいかな」と思って。で、実はこうなんですって話したら、「ああ、大変やったな。まあ難しいことはわからんけど、一緒に酒飲もう」みたいな。それで、コロナ禍で仕事がなくなったときに、「うちだったらいつでも来いよ」って声をかけてくれて。

印南　それはいい関係だね。

ってなわけで食事のあとは、ひと足先に出勤していった林くんを追いかけるかたちでそのクラブへ。サウンドシステムもしっかりしていて、いい意味で90年代の東京の中規模のクラブを思い出させてくれるような雰囲気。カウンターの向こうにいる林くんにつくってもらったジントニックを飲みつつ、若いＤＪの選曲を楽しませてもらったのでした。

2024年1月31日 再会

初対面からおよそ半年が経過した2024年1月、もう少し聴いておきたいこともあったため、ふたたび和歌山を訪れました。聴き足りないことならZOOMを利用すればいくらでも聴けますが、やはり実際に会って、その場の空気を感じながら話をしたかったのです。もうひとつ、目的がありましたし（後述します）。

平日だったその日、林くんはもちろん夕方まで仕事。ホテルにチェックインしてから1時間半ほど時間があったので、和歌山市駅に直結したビルのなかにある「和歌山市民図書館」に立ち寄りました。前回初めて訪れたとき、すっかり魅了されてしまった素敵な図書館。広い構内の一角にあるスツールで本を読みながら通り過ぎる人たちのことを眺めていたら、この街の持つ雰囲気がなんとなくわかる気がしました。

落ち着いていてほどよく品があり、学生もママさん世代もさりげなくおしゃれ。過熱報道の影響もあって「和歌山＝カレー事件＝どろどろとした人間関係」みたいなイメージが強いものの、実際には洗練された部分も少なからずあるように思えたのです。10代後半くらいのカップルが、手をつないで楽しそうに話しながら館内をぐるぐる歩いてたのがかわいかったな。

「いいところだな。この図書館を利用するために、この近所に安いアパートでも借りたいくらいだ」

そんなことを考えながら静かな雰囲気を楽しんでいたところ、スマホに「向かっています。あと2分程です」とのメッセージが届きました。そこで図書館を出たら、「お疲れさまです！」と言いながら近づいてくる長身の林くんの姿が。初対面だった半年前とは違って、どことなくリラックスしているように見えました。

予約をしていた居酒屋はテーブル席が空いておらず、いちばん奥のカウンター席へ。

まずはビールで乾杯です。

印南 最近はどんな生活？

林 いまはまああんまり、外にも出なくなってという感じですね。もう家と仕事の往復ばっかりで。

印南 トラックドライバーの仕事って、小荷物配送なの？

林 いや、けっこう大きいです。4トントラックとか載ります。和歌山、大阪ぐらいをぐるぐる。だから、その間ずっとラジオをつけて、音楽聴いてっていう。

この日の林くんはいつもの黒いサングラスをかけていなかったため、なおさらお母さんに似た印象。ぶっちゃけ、絵に描いたようなイケメンです。

印南 半年前に来たときは。（大阪の）難波からここまでの距離をすごく長く感じたんだけど、きょうはあっという間だったんだよね。で、会う前に（和歌山市立）図書館に行って、いろいろな人を見ながら、いい街だなと思ってた。

林　いい街ですよね、和歌山。意外と魅力が知られていないだけで。

印南　前に、「離れると親を裏切ることになるから地元を離れたくない」って話してたよね。

林　それもありますね。

印南　え、「それも」って感じなんだ？

林　いろいろな理由があってですね。そのひとつに、やっぱり和歌山が好きだという思いもあったり。もちろん親がいるから離れたくないというのも事実ですし、まるで逃げるように他府県に行くというのは嫌なんですけど。

印南　地元が好きだと感じられるのは、純粋にいいことだよね。

林　そうですね。心地いいですね。過ごしやすいです。都会の喧騒《けんそう》というか、忙しい日常から離れて、たまに海の見える街で過ごすという。

印南　事件のことばかりがクローズアップされがちだけど、それもまた多くの人に知ってもらいたいことかもしれないね。

林 そうですね。

印南 前に話を聞いたとき、お父さんとスーパーに行ったら、地元の町会長さんが「元気か?」って声をかけてくれたって言ってたよね。

林 普通に話しかけてくれましたね。テレビでは毎年7月になると風物詩のようにカレー事件を取り上げて、そういうときには会長さんが手を合わせる姿しか映らないんですけど、実際近所で会ったら、「元気か?」って声をかけてくれたり、気さくにしゃべってはくれますね。

印南 会長さんには、偏向報道をするマスコミへの違和感はないのかな?

林 まあちょっとはあるでしょうね。住んでいる以上はなんとも言えないという、立場的なものもあるんだろうなとは思ったりするんですけど。

印南 たしかに地元の人からすれば、本音を口に出しづらいところもあるんだろうね。

林 真相が知りたいと言うんです。

印南 誰が?

林 被害者の方々。会長さんも。「こっちも真相が知りたい、再審してくれ」って。

つまり思いは一致しているんですよね、お互いの。ただ裁判所がそれを認めないというだけで。

印南　そういう、知りたいという気持ちを抱くことのほうが、むしろ自然だよね。報道だけを信じてしまうと、このあたりってドロドロした雰囲気なのかなって思いがちじゃん。俺も半年前に来たときには、そういう場所なのかなって誤解していた部分が多少はあったんだけど、実際には違った。洗練された人が多くて、報道が伝えるような、ドロドロした感じとはまったく違う。俺はそう感じたんだけど、実際のところ、このあたりはどういう環境なんだろう？

林　あんまり日常的に大きな事件・事故って起こらなくて、まあ平和な街ではあります。みんな穏やかに過ごしていて、ちょっと大阪とかに行くと治安の悪さみたいなのを感じたりはするんですけど、和歌山にはそういう場所があんまりなくて。過ごしやすさはあるから、みんなのびのび過ごしていますね。

印南　だよねえ。俺もすごくそう感じたんだ。報道と違いすぎるから、なんだか戸惑っちゃったくらい。

林　まあ20年以上経ってるせいもあると思うんですけどね。でも田舎のイメージで来る人は多いんですけど、ちょっとずつ開けてはきてますね。、まあ東京には敵わないですけど。

なにが起きているのか理解できなかった

しかし考えようによっては、そんなエリアだからこそ事件のインパクトは大きかったのかもしれません。ましてや当時の林くんはまだ小学生。家の前に大勢のマスコミが陣取っているような光景は大人の目から見ても異常なのですから、子どもの目に映る衝撃の大きさは想像に難くありません。

林　当時は小学5年生ということもあって、10歳前後ですね。もう、なにが起こっているか理解できていなかったというか。和歌山でしか過ごしたことがないので、まさか北海道から沖縄まで、それどころか海外まで母親の顔が発信されているということがね。しかも、深刻なニュースとして震撼《しんかん》させてるという、そういうことは理解できていなかったですね。

印南　それはそうだよね。

林　まだ小学生で、法律の成り立ちとか、死刑制度だとか、授業のなかではまだそういうことも出てきていない段階で。成長するに従って、三審制だとか、そういうことを授業で習いはじめた感じです。

印南　勉強はできたの？

林　勉強はもう、あの事件以降はほとんど教科書も開いてないというか。

印南　それ以前は違った？

林　母親が教育熱心だったので、それ以前は何件も習いごとを掛け持ちさせられるような感じでした。いわゆるバブルを経験してきた親で、お金さえあれば権威ある生活ができるという考え方だったので。いま思えば、「世の中お金だ」というような価値観の持ち主でした。

印南　たしかに強烈だったもんね。

林　そうですね。いまでいうセレブということばもなかった時代でしたけど、母はヨーロッパだとかアメリカから入ってくるおしゃれな文化が好きで、たまの休みには宝塚を観に行ったりしてましたね。

印南　宝塚近いしね。

林　宝塚近いし、劇場に足を運んだりして、周りの家庭と差別化を図るというような、「いい生活してますよ」というようなね。

印南　一方、お父さんは競輪で。

林　競輪好きで、まったくそういう（華やかな）文化には興味を示してないというかね。この近くに和歌山競輪というのがあって。

印南　さっきも電車から見えたけど、あのあたりって住宅地だよね？　そんな場所に競輪場があるのって特殊といえば特殊だよね。

林　そうですね。レースが行われるたびに、負けた人がチケットをばらまくんですよ。いまでもけっこう盛んで、ギャンブルが好きな人は好きですよね。僕と同じ世代でも、競艇とか、好きな人は好きですね。

印南 林くんも、もし事件がなかったら競輪とかやってたかもしれない？

林 でも、僕はあんまりそこに興味がなくて。ギャンブルだとか、たとえばお酒を飲んで女性のいるお店に遊びに行くとか、ああいう文化があんまりなじめないんです。人見知りな性格もありますし、気を使っちゃう。ひとりで音楽を聴いてたりするほうが楽しめるので。

印南 それは事件を経験したからなのかな？

林 うーん、どうですかね。（事件を通じて）人間の怖い部分を知りましたし、ああいう経験をしたことによって、つい疑っちゃうとか、おなかの底を見ようとしちゃったりするようにはなったかもしれないですね。

印南 人間の醜さを知ったという意味では林くんと共通する部分があるんだけど、僕はそこが違ったんだよなー。

林 もっと関わりたいって？

印南 じゃなくて、「他人なんか信用できない」みたいな、ネガティブでアグレッシブな方向に行っちゃった。いろいろ経験してしまった結果、斜に構えちゃったんだ。よくないことだけど、それが子どもとしての精いっぱいの抗いだったのかもね、いま思えば。だけどその反面、苦しいはずなのに楽しそうにしている人とか、不器用ながら前向きに生きている人とかを見ると、「俺はひねくれすぎてるのかな」とか自己嫌悪に陥ったりもして。そうかと思えば、本当に信じられる人はとことん信用したり。いろいろバランス悪いよね（笑）。

印南　それはいつごろ？

林　怪我や火事のあととか。でも、そういう屈折感はいまも残っている気がする。「いい歳して……」って自分に呆《あき》れることもあるけど、それが性格の一部として根づいてしまったんだろうなと思わざるを得ない部分はあるかな。

印南　なるほど。

林　で、屈折した性格を抱えて生きながら、よく林くんのことを思い出してたわけよ。会う前からね。それは、どこか共感できるものを感じてたからなんじゃないかなと思うんだよね。子どものころにあれだけ大きな事件に巻き込まれれば、ひねくれたり、人のせいにしたりしたとしても不思議じゃないじゃん。なのに、ちゃんと客観的な視点を持ち続けているからすごいなと。

林　そうせざるを得なかったというのもありますね。でも発信を始めたころは、人からの悪意がいちばん怖かったですね。なので、かなり悩みましたね。「誰にも叩かれたくないというのは、賛否を生みたくないというのは、ちょっとわがままなのかな？」とか。万人受けするようなことは無理に等しいんですけどね。

印南　あの事件のことに限らず、いつの時代にも叩いたり炎上させたがったりするタイプはいるものだしね。

林　そうですね。炎上商法って、もう流行《はや》らないいんじゃないかとも思うんですけど、いろんな人がいますからね。

印南　そういう意味では、いまも昔も人間の本質ってあんまり変わってないのかもしれないね。

林　そうですね。変わってない部分もあったり、大きく価値観が変わっている部分もあったり。時代の変遷みたいなものを感じる部分もあるんですけど。

印南　たとえば？

林　昔だったら、僕みたいな存在というのはのけもの扱いだったんですよ。でも令和になって、「こんな人と関わっちゃだめ」みたいな感覚がちょっとずつ取れてきて、徐々に受け入れてもらえるようになったような気がするんです。

印南　それは社会全体が変わったからなのかな？　それとも林くんが変わったのかな？

林　発信を始めたことで、理解を得られはじめたのかなとは感じることがあります。それまではひきこもって、ネットの評価をコソコソと見てたんですけど。

印南　それはお姉さんのことがある前だっけ？

林　前ですね。それ以前から発信はしてたんですけど、途中で姉が亡くなってから変わりました。やっぱり人間の死を経験すると、考え方に深みが増すというか。

印南　そうかもしれないね。ましてや、ああいうことになるとね。

林　最近も能登半島で震災がありましたけど、それ以前、3・11のときも阪神・淡路大震災も、どこか遠い出来事のように報道を見ていた部分はあったんです。でも実際に身内の死を経験したら、「ああ、被災地の人たちもみんなこういう思いだったんだな」って。簡単なことばでいうと、「すごく厳しくてきつい思いをしてるんだな」ということが皮膚感覚としてわかったんです。ネットで「死ね」とか誹謗中傷する人たちって、若さなのか、身内の死をあまり経験していない世代なのかな？　一度でも大切な人を亡くす経験をしたら、人に対して「死ね」ということばは吐けないと思うんです。だから、「若い世代なのかな」とか勝手に想像しちゃったりはするんですけど。

ところで先にも触れたとおり、今回はもうひとつ目的がありました。それは、林くんの部屋を直撃すること。137ページで「ニトリの安枕を涙で濡らし～」という2023年3月のポストをご紹介しましたが、その枕がある部屋で、林くんがどのような暮らしをしているのかを見てみたかったのです。

などと書くと「他人のプライベート空間に足を踏み入れるなんて不謹慎だ！」と思われるかもしれませんが、生活している場を見てこそわかることもあるはず。少なくとも、そんな確信が僕のなかにはあったわけです。

そしてもうひとつは、個人的な体験の影響です。現在の林くんよりも若かった20代のころによく、友人の家に押しかけては酒を飲んで音楽を聴きながら、いろんな話をしたんですよ。それがとてもいい思い出として記憶に残っているのですが、林くんとなら、あのときと同じように盛り上がれそうな気がしたのです。

これについてもまた確信がありました。

そこで事前に相談してみたところ、

部屋、大丈夫です。

僕の部屋ワンルームですが大丈夫ですかね（笑）

僕は事件の話をするべきなのはわかってはいつつも、音楽話やルーツの話を聞いている時間がとても楽しくて。

という返答が。

そこで食事をしながら2時間ほど語り合ったあと、同じ駅ビルのなかにあるスーパーで酒とつまみを買い込み、タクシーで林くんの部屋へ向かったのでした。

ちなみに関係ない話ですが、スーパーにいたとき、数時間前に図書館ですれ違ったカップルにまた出会いました。そうか、君たちはそうやってふたりで歩き続けているだけで幸せなんだな。かわいいぞ。こじつけっぽいけど、ふたりの楽しそうな表情には、和歌山という街の穏やかな空気と共通するものがあるようにも感じたのでした。

「ここです」

夜になるとさらに人影が見えなくなる市内を移動すること数分で、林くんから声がかかりました。ワンルームと聞いていたので、よくある安普請な二階建てアパートを想像していたのですが、新しくはないながらもそこそこに大きな建物です。

エレベーターで上階まで上がり、廊下を少し進んだその先が林くんの部屋。ワンルームとはいっても少し広めで、8畳間くらいはありそう。いちばん好感を持てたのは、お邪魔すると伝えておいたのにきれいに片づけておいたりせず、明らかに普段のままの状態だったことです。こうじゃなくちゃね。

印南　この部屋のきったねえ感じがいいね。

林　きたねえ部屋なんですよ。

印南　いや、これぞ男のひとり暮らしだよ（笑）。いままで、ここに来た人いる？

林　いや、いないですね。

印南　ここはいくら？

林　ここは3万ですよ。

印南　安っ。

林　めちゃくちゃ安いです。

薄暗かったので細部までは確認できませんでしたが、部屋の中央あたりにこたつがあり、その脇にテレビ。右奥に小さなキッチンと冷蔵庫があり、その横にはユニット

バス。洗面台にハンドソープのボトルが転がったままになっていたりして、なかなかいい雰囲気です。

印南　ここにはパソコンがないね。

林　そうですね。いまはもう、全部スマホで完結させられる感じにしちゃいましたね。

答えながら林くんはリモコンを操作（慣れているみたいで、指の動きがめっちゃ速い）してYouTubeを立ち上げます。どうやらいつも、ここで音楽を聴いたり映画を観たりしながら酒を飲んだりしている様子。そうこうしているうちに、画面からゴリゴリとしたギターのリフが聞こえてきました。

印南　これ、ドクター・フィールグッドだよね？

林　そうです。めちゃくちゃかっこいいですよね。

印南　ウィルコ・ジョンソンのギター、俺も好きなんだよ。

林　ドクター・フィールグッドを聴きながら一緒に語り合ったって書いてください、ぜひぜひ。

印南　じゃあ乾杯しますか。

林　じゃあ、僕は琉球《りゅうきゅう》レモンサワー。あらためてよろしくお願いします。

乾杯をしたこたつの向こうの角には間接照明があり、茶色いふとんや枕が散らばったベッドを照らしています。

印南　なるほど、ここで「ニトリの安枕を涙で濡らし〜」って（Xに）ツイートしたわけだね。

林　ここにあるのがその枕なんですけど。実際に見たって書いてください、ニトリの枕を。毛玉だらけのね。あれは、いま振り返るとめちゃくちゃおもしろいツイートでしたね。

印南　いい意味での記録だったと思うよ。

林　ドキュメントですよね。改めて文章として見ると、すごいこと言ってるなと思って、自分で。

印南　まさに心の叫びだもんね。

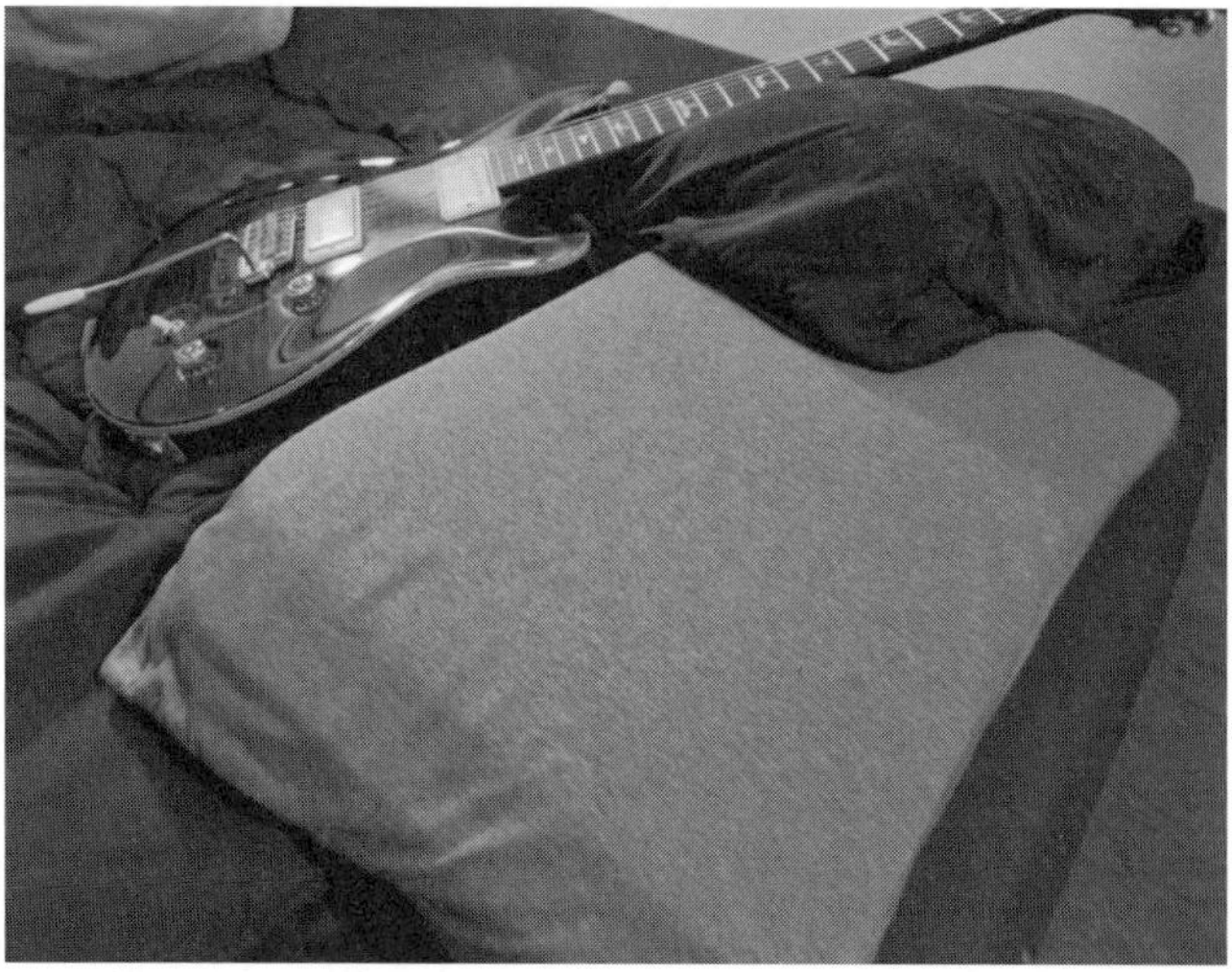

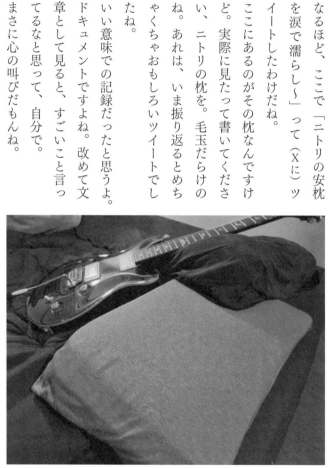

林　心の叫びですよね。恥ずかしい部分だから世には出したくないはずなんだけれども、こういう気持ちも残したいなと思って。

印南　あれは共感できる。本音だとわかるからこそ、そう感じるんだと思うよ。

林　現に「いいね」の数が増えました。

印南　似たようなつらさを抱えながら生きている人が共感したのかもね。

林　嫌だな、嫌だなって感じながらも、糸口とか解決先を探しながら生きてる。「また明日仕事か」って思いながら寝て、スマホに起こされてまた仕事に行って、この繰り返しになんの意味があるんだろうって。

印南　あ、それで思い出したけど、林くんが11月下旬に気になるポストをしたことがあったよね。

まず最初は、11月24日のこのポストでした。

―　2023.11.24　面会へ行ってきました。この日は初めて大阪拘置所11号面会室に呼ばれ、従来の面会は監視カメラや録音機材設備のある12号面会室だった事もあり、「あれ、いつもと違う?」と思いながら面会室へ行くと、研修生らしき刑務官（女性）と上司らしき刑務官（男性）職員の方々、母、僕を含め、計4人での面会となりました。男性職員の方を母から「いつもお世話になっている職員さん」と紹介をうけその日の面会は始まりました。初めての出来事（面会室が変わる、刑務官が増える）に、内心「SNSや取材にて面会の様子を発信した事が原因か、、」と危惧《きぐ》しながら僕「今日はなんでこんな感じなの?　何か悪さしたの?」と母に問うと、母は片目を閉じて（ウィンク）何かを合図するかのような表情を見せました。令和5年は残すところ約1ヶ月、今年はまだ執行がなく不安や心配もなく終えそうだと思っていたつもりでいましたが、今年最後の面会は不安を残す面会内容となりました。深い意味が無ければいいのですが（2023年11月27日のX投稿より）

これを確認した時点で「それは心配だろうな」と感じてはいたのですが、とはいえこのときの林くんの不安は、僕の想像をはるかに超えていたようです。そう実感したのはそこから3日後、27日のポストを目にしたとき。

2023.11.27　何気ない変化に過敏に反応するようになっていますね。会う度に変化はありますが面会時の反応や拘置所側の違和感（感情の波、諦めるような発言、意欲的な発信等）や知らない電話番号からの着信や手紙の内容の変化等。数十年続けてきた面会ですが、先週は異質な空気感があり、「何を伝えたいの？」と聞いても答えられないような雰囲気があり、数日経った今でもわだかまりを残しています。神経質に考えいつでも夜逃げする準備をしておこうと断捨離をする（昨日）日曜日を過ごしました。（2023年11月27日のX投稿より）

とくに気になったのは、最後の「夜逃げする準備を～」という部分です。普通に会話をしている限りでは明るくサッパリとしているように見えるけれど、だからといって心のなかに抱えた闇が消えるわけではない。そんな当たり前のことを再認識させられた気がしたのです。

気になってしまい、思わず電話をかけてしまったほどでした。

しかし電話には出ず、数日経ってから「取り込み中だったため対応できずすみません」という返答があっただけだったので、いっそう気になって。

印南　年末に「夜逃げの準備をしてる」とかXに書いてて、俺が慌てて連絡したことがあったじゃん。あのときは本当に夜逃げをするつもりだったの？

林　マスコミに家を知られちゃってるので、（執行があったとすると）殺到しちゃうんですよね。

印南　だから夜逃げが頭をよぎったと。

林　そうですね。だから最近のことばでいうミニマリストみたいな、ものを持たない暮らしというのを心がけています。ＤＪさんみたいにレコードいっぱい集めるとか、そういう趣味があまり持てないという。

印南　そうか……。

お父さんも、お母さんも、ばかばかしくて人間的なんですよ

印南　あえて率直に聞くけど、お母さんはどうなると思う？

林　いまの状況を見ている限り、三つ選択肢があるんです。再審が通るか、死刑執行されるか、獄中死か、このうちのどれか。いちばん願っているのは再審が通って、また真相が明らかになって、生身でコーヒーでも飲める日常が戻ってくることなんですけど、なかなか難しいという現状もあったりして。

印南　前にお父さんもインタビューで、「いま出てきたら世界中が大騒ぎになりますよ」って話してたね。本当にそうだろうなと感じた。

林　国で一度決めたものをもう1回ひっくり返すって、そうとう難易度が高いという。

印南　でも、そういう問題じゃないもんね。冤罪だとしたら、なんとしてでもひっくり返さないといけない。

林　そうなんですよ。昨今は袴田さんとか、いろいろな他の事件でも、大きな権力でも間違いを犯すという実例が大きく報道されはじめたりはしてますよね。昔からあるんですよね、冤罪とか。それに、どんな人にも欲はあって、父親と母親も保険金詐欺を繰り返してやってたから。

印南　だから周囲は、「あいつは悪いやつだ」って単純に考えちゃうんだよね。たしかに保険金詐欺は悪いことだけど、その罪は償っているわけだし、そもそも根拠なくカレー事件と結びつけることがおかしい。

林　そうなんです。そこを週刊誌とかマスコミはどんどん追及するわけで、イメージづくりもあったり。そこにかなり悩まされた26年間ではありましたね。

印南　そうだよね。でも繰り返しになっちゃうかもしれないけど、そこまで抗い続けることができた理由ってなに？　愚問かな。

林　「抗い続けられてるのかな？」とは思ったりします。落ち込んでツイートしちやったりもしてますからね。いまの状態のメンタルで去年の自分を振り返ったら、書いてる内容が完全に病気ですね。

印南 そうは思わないけどね。

林 いまの自分からすれば、「なんでこんな文章書いたんだろう」と恥ずかしくなる。

印南 本人からすればそうかもしれないけど、そこがすごく人間的だと思うよ。当然だと思うよ。

林 もう嫌になってね。

印南 わかるけどさ。

林 なにもかも嫌になってるんですよね。誰にも会いたくないし、なにをしてても楽しくないしという。

印南 それはそう思うだろうね。

林 社会を斜に見てるんですかね、完全にもう。本当にことばは悪いですけど、「クソ野郎たちが」「どうせ僕のことをそうやって見ているんでしょう」というように社会を見ていたりして。

印南　そういう発言をすると、それをまた喜んで叩くやつが出てくるかもしれないけど。そう感じるのは当然だと思うよ。

林　そういうふうに過ごしてますね。なにかよりどころがないと、悪さに走ったりという人もいるでしょうけど。

印南　けれど、そっちには行かなかった。

林　行かなかったですね。根性がないですもん、その。

印南　でも、そういう苦悩をどうやって乗り越えてたの？

林　そういうときにブルーハーツとか、昨年亡くなったチバユウスケさんとか、いろいろな人たちの音楽を聴いたりして消化してきました。死ぬ根性もないんですよ。

印南　いや、それは根性論じゃないと思うよ。

林　頭をよぎるんですよ、やっぱり。もう死んだほうがましだとか。

印南　そういう気持ちは、いつくらいまであった？

林　お姉ちゃんが亡くなって、裁判が進むにつれて、どんどん誹謗中傷もまた増えてきて。お母さんの死刑を待たされてる状況もあるし、「もうええわ」と、関西弁で。「なんのために毎日仕事して、なんのために僕の人生ってあるんやろう」って、そこに行き着いて。容赦なくマスコミは来るし。なにかしら答えなきゃいけないし。かといって、発信するにしても、その仕方を間違えるとね。

印南　そうだね。

林　でも、発信せずに家でずっといてても、このまま親の最期を待ってるだけというのももどかしさもあったりね。

印南　でも、発信の仕方も言動や行動も、林くんは間違ってないと思うよ。

林　「変なこと言ってるな」とは思われてないですかね？

印南　思われてない。もちろん気にする気持ちもわかるけど、君が思ってるよりも世の中の多くの人は理解してくれてると思う。

林　縮こまってるだけですね？

印南　縮こまる気持ちもわかるけどね。俺だってもし同じ立場に立ったら、どうなるかわからないし。必要以上に攻撃的になっちゃう可能性だってあるしね。

林　一定数いますよね、やっぱり。「（攻撃の対象は）誰でもよかった」という人がいるじゃないですか、殺人を犯して。そういう人って、「お前の役目なんかどうでもいいんだ」というような扱いを受けてきたんだろうなと思うんですよ。だから、「誰でもいいから、なにかしら迷惑をかけてみたい」という方向に進んでしまうのかもしれないなと。

印南　だから、結局は環境だよね。どれだけ愛情をかけられてきたか。そういう意味で、前のインタビューのときにすごく素敵だなと思ったことがあってさ。林くんは親のことを、「僕は好きになっちゃったんで」って言ってたじゃん。

林　そう。好きですね。

印南　そういう思いがあるから自暴自棄にならなかったのかもしれない。親への愛情がブレーキになってきたというか。

林　だから「親孝行ですね」とか、「親の面倒を見て立派ですね」って声をかけられるんですけど、いや、僕は単純に仲よくて好きだからやってるだけ。一緒に飯食ったり。

印南 だから、おかしな方向には行かない。

林 そうなんです。

印南 前にさ、「僕は無敵の人なんですよ。だからといって自暴自棄になることはありませんけど」って話してたじゃん。あれがとても印象的でね。

林 立場上は無敵の人でもおかしくないですからね。でも、そうならなかったのは、なにかしら人間的な関わりを持てたっていうところが大きいですね。人間らしいんですよね、お父さんも、お母さんも、ばかばかしくて。

「死んじゃいたいと思ったことあります？」

林 印南さんは死んじゃいたいみたいな気持ちが生まれたことはあるんですか？もういいわって。

印南 死にたくなるのは絶望したときだと思うんだけど、俺の場合はやっぱり怪我をしたときかな。存在自体を全否定されたような気がしてたし、死ぬか死なないかという以前に、あのころは毎日とにかく悲しかった。起きてしまったことはどうしようもできないから、「もう変えられないんだな」という意識はつねにあった。それ以降、たとえば大人になってからも「死んだら楽だろうな」と感じたことは何度かあったけど、あのときがいちばん大きいかもしれない。

林 そうだったんですね。

印南 さっきも言ってたけど、実際のところ林くんは死にたいと思ったことも少なくはないんだろうね。

林 僕はけっこうありますね。「もういいのかな」って思ったことは何回かあるんです。家が燃やされたときとか、いじめが続いたときとか。

印南 家が燃やされたの何歳のときだっけ？

林 中学1年生ですね。

印南 いちばん多感な時期だね。

林 帰る家がなくなるとか。そのあとも、事件のことがバレたらと考えると仕事がうまくいかなかったり。あと、結婚も駄目になるとか、その都度、部屋でひとり、こんな音楽を聞きながら、こんな安酒飲んで。そんなときに太宰（治）の『人間失格』とか読むと、どんどんネガティブに汚染されていく。

印南　太宰に傾倒する時期は誰にもあるよね。俺にもあったし。

林　ありますよね、誰だって。

印南　それでも君の場合は特別だけどね。死にたくなることはまだある？

林　いや、だいぶましになりましたね。毎日毎日「母親が死刑になるのかもしれない」と考えて、それで姉の死を経験したときにはピークにきましたけど。「もうええか」って。姉はそれを選択したんですよ、死を。ちょっと楽になったのかなって、お姉ちゃんは。もうゆっくりしなよって。ずっと眠りにつけると。

印南　もちろん死が正しい選択だとは思えないけども、ただ、あの話は人ごととはいえ俺も悲しく感じた。

林　その選択を否定できない自分がいて。「これでよかったんじゃないか」と、姉を肯定してあげるというか。「もうゆっくり休みなよ」という。

印南　そう思ってもらえるならお姉さんもうれしいだろうね。でも、その代わり君が生きるんだよ。矛盾するけど、生きている以上は、やっぱり死んじゃいけないんだと思う。

林　そうですね。

印南　必要以上に大きな声を出す必要もなく、ただ普通に地味に生きてるだけでも意味が絶対にあるというか。

林　ちゃんと80歳くらいまで生きてね。

印南　そうだよ。みんないろいろあるんだしね。

林　いろいろありますね。

知らないまま一生過ごせたらそれはそれで幸せ

印南　ところで意地の悪い質問になるんだけど、もしあの事件がなかったら、いまの林くんってどうなってたと思う？　たとえば、昔のお父さんのようにイケイケだったりとか。

林 ああ、なっていたかもわからないですね。ただ、やっぱりこの事件をきっかけにいろいろな人と出会って、いろいろな境遇の子も見てきて、いろいろなジャンルの人間と出会って、すごい勉強にはなっていたり、させてもらったりはできてますね。

印南 まあ結果論だけど、実際に接してみて、あの出来事があったからいまの林くんがあるんだろうなとは俺も感じる。もちろん、なかったほうがいいに決まってるんだけど。

林 そうですね。なかったほうがいいんですよね。だから、経験しなくていいことを経験しないって幸せなことだったりするんですよね。

印南 ああ、わかるな。俺も経験しなくてもいいことを経験してきたから。

林 頭がお花畑だとバカにされるかもわからないですけど、お花畑でいいんです、幸せって。知らなくていいことは知らなくて、知らないまま一生過ごせたらそれはそれで幸せ。いろいろな人間の汚い部分も見ちゃったりすることで、モヤモヤと考えちゃうようになったりしますし。

印南　本当にそうだよね。

林　環境的にもそうで、和歌山から山を越えて北に向かうと大阪になるんですけど、山を越えずに一生過ごすって、それはそれで幸せだったりもするんです。いまはもうSNSだとかネットで、東京、大阪の様子が簡単に情報が得られるんですけど、なにもわからなかったころの、昭和の古きよき時代も過ごしてみたかったなとは思ったり。

印南　でも実際には昭和って、よくいわれるほどいい時代ではなかったと思うよ。なんというか、『三丁目の夕日』的に美しく捉えられすぎだとは思うんだよね。実際には、普通に電車のなかでたばこ吸ってる人がいたりとかモラルは低かったし、空気も悪かったし、ちょっと美化されすぎてるなって感じる。

林　印南さんとしては、じゃあ最近のほうが過ごしやすいですか？

印南　それは自分の成長度合いとも関係するわけだけど、少なくとも俺は当時小学生だったから、昭和の高度成長期とか、その直後くらいってなんとなく気持ち悪かった。オイルショックの影響でトイレットペーパーがなくなって主婦がスーパーに群がったりとか、世の中の動きが変に見えたんだよね。そのころは怪我をして変な目で見られていたころとも重なるから、「そう感じる自分がおかしいのかもしれない」とも感じてたんだけど。

林 自分のせいにしちゃうんですね。

印南 自分のせいというか……でもその辺の行動や傾向というのは、いま考えてみると人間の本質にほかならないなという気はするね。

林 角度が独特ですよね。

印南 角度って？

林 取材の。

印南 そう？

林 人間味みたいなところを話し合うって、歴史観だとか。

印南 ああ、そもそもいま、取材してるっていう意識はないしね。それに俺は、相手が誰だったとしても〝人間〟に興味があるのよ。向き合っているその相手に。

だから音楽ライターとしてアーティストにインタビューするときも、プロデューサーがどうだとかレコーディング期間がどうだとかいうことはどうでもいいと思ってた。大切なのは人としての「思い」だから。いまも同じで、そんなことより、そこに至る苦悩だとか、いろいろな思いが知りたいんだよね。

林 そうですね。なんか人間味がすごいですね。

印南 だから、俺にとっては普通のことなんだよね。

林 日常ですか？

印南 そう、日常。その人がなにをやっている人だったとしても、本人に興味を持っちゃうから。

すごく脳みそ同士で会話できた

印南 ところで、SNSで交流を始めたきっかけってなんだったっけ？

林 『もう逃げない。』の書評を書いていただいたことがきっかけです。あれは誰かに頼まれたんですか？

印南　いや、たまたま見つけて読んでみたくなって、それで「これは紹介しなければ」と。それ以前から和歌山カレー事件は気になってたんだよね。どうやら冤罪らしいぞという気はしていて。そんなときに林くんが本を出したと知ったので読んでみて、「ニューズウィーク日本版」で書いたんだよ。

林　僕はあの記事をヤフーニュースで読んだんですけど、出版社の人たちとも、「印南さんってどんな人なんだろう」ってけっこう話題になって。あれからもう4年くらい経つんですね。

印南　そうだね。早いね。

林　それで、DMでちょっとだけやりとりさせてもらって。

印南　だから、きょうで会うのが2度目だっていう実感がないんだよね。もともと俺はあんまり年齢で人を見ない人なんだけど、少なくとも俺にとっては林くんは友だちなんだよねー。とか口に出しちゃうと安っぽいけど（笑）。

林　いいんすか。マブダチでもいいんすか。

印南　俺はそう思ってる。年齢が離れてるから、君はまた違うのかもしれないけど。

林　先輩ですよね、人生の。

印南　そんな偉そうなもんじゃないし、俺にとっては友だち。そのことは何度も考えたんだけど、そうとしか思えないんだよね。

林　でももう初見で、「こんな人なんだ」と驚いて。すごく脳みそ同士で会話できたというか、心と心で会話したというか、建前なしで。

印南　初めて会ったときにもそんなこと言ってたよね。

林　言ってたっすね。（初回の対談の）あの文章を見て、たぶん読者の人にも、すごくいい出会いをしてるなというのは伝わると思います。こんな人間らしい出会いがあって、打ち解け合って、最後に音楽聴きながら酒飲むって、こんな出会いなかなかないですよね。だから僕らはいい出会い方をしてると思います。

印南　そうだよねえ。人間関係って、年齢とか職種とか関係なく、結局は感覚が通じるかどうかだと思うんだよなあ。

林　でも、めちゃくちゃお硬い本を出しているから、僕はお硬い人だと思っていたんです、ずっと。こんな大酒飲みと思わなかったですね（笑）。

印南　たしかに酔っちゃいましたねえ（笑）。

「そろそろ帰るわ」と告げたら、林くんはタクシーを呼んでくれました。印象的だったのは、僕が履いてきたティンバーランドのブーツに「それ、いいですね」と反応してくれたこと。そして見送りのために部屋を出るとき、近くにあったキャップをぽんと被《かぶ》ったこと。そこにいたのはSNSで意欲的に活動する「和歌山カレー事件　林長男」ではなく、「音楽好きで気のいい兄ちゃん」でした。

ちなみにこのあと2月16日に、林くんはお母さんと面会するため大阪拘置所に行ってきたそう。その際、『もう、逃げない。』がきっかけで僕と知り合ったことも話してくれたようです。

――悲しい思いばかりな『もう、逃げない。』はあんまり読みたくないけど、

――楽しい出来事があったのなら、それは良かったねっと話していました。

林真須美さんは先ごろ、鑑定の誤りを主張するべく3度目の再審請求をしました。そして2024年2月に、再審請求は和歌山地裁に受理されました。一日も早く、真実が明らかになることを望みます。

おわりに

中央線の高円寺駅近くに、「バーミィー」という変わったお店があります。エスニック料理店なのですが、店内の雰囲気はむしろロック喫茶。ロックのレコードがたくさんあって、それらを聴きながら本格的なエスニック料理をいただけるのです。いつだったか、懇意にしていただいているフォレスト出版の太田社長をお連れしたところ、気に入っていただけて、以来、太田さんと僕との間ではこの店が会議室のようになっていったのでした。

本書の企画もここで生まれました。

なかなかいいアイデアが浮かばず困っていたとき、ふと「抗う」というテーマに行き着いたのです。「バーミィー」で企画書に目を落とす太田さんが、「これだ」と呟いたことをはっきり覚えています。そのあとすぐに担当編集の寺崎さんを紹介していただき、一気に話が進んでいったのでした。

その企画意図は、「はじめに」に書いたとおりです。

そして、「抗っている人」と対談しようということになり、何十人もの候補者の名が挙がりました。そんななか、最後まで残ったのが「和歌山カレー事件 林 長男」名義で活動を続ける林くんだったわけです。

そんな経緯を経てできあがった本書は、いままで僕が出してきたどの本とも似ていない、個性的な内容になったと思います。きっかけをつくっていただいた太田社長、つねに寄り添ってくれた寺崎さん、そして林くんに深く感謝します。

林くん、約束したとおり、東京に来たときには「バーミィー」に行こう。

きっと気に入ると思うよ。

２０２４年４月　　印南敦史

【著者プロフィール】

印南敦史（いんなみ・あつし）

1962年東京生まれ。作家、書評家。株式会社アンビエンス代表取締役。広告代理店勤務時代に音楽ライターとなり、音楽雑誌の編集長を経て独立。ビジネスパーソンに人気のウェブメディア「ライフハッカー・ジャパン」で書評欄を担当するようになって以降、大量の本をすばやく読む方法を発見。年間700冊以上の読書量を誇る。現在は他にも「東洋経済オンライン」「ニューズウィーク日本版」「サライ.jp」「Sunmark Web」などのサイトでも書評を執筆するほか、「文春オンライン」にもエッセイを寄稿。

『遅読家のための読書術』（PHP文庫）、『先延ばしをなくす朝の習慣』（秀和システム）、『いま自分に必要なビジネススキルが1テーマ3冊で身につく本』（日本実業出版社）、『書評の仕事』（ワニブックスPLUS新書）、『読書する家族のつくりかた 親子で本好きになる25のゲームメソッド』『読んでも読んでも忘れてしまう人のための読書術』（以上、星海社新書）、『世界一やさしい読書習慣定着メソッド』（大和書房）、『プロ書評家が教える 伝わる文章を書く技術』（KADOKAWA）などの著書のほか、音楽関連の書籍やエッセイも多数。

抗う練習

2024年6月6日　　初版発行

著　者　印南敦史
発行者　太田　宏
発行所　フォレスト出版株式会社
〒162-0824 東京都新宿区揚場町2-18 白宝ビル 7F
電話　03-5229-5750（営業）
　　　03-5229-5757（編集）
URL　http://www.forestpub.co.jp

印刷・製本　萩原印刷株式会社

ISBN978-4-86680-265-7　Printed in Japan